하늘과 바다가 사랑한 섬
제주 한 달 살기

하늘과 바다가 사랑한 섬

제주 한 달 살기

최은우 여행수필집

신아출판사

| 축간사 |

『하늘과 바다가 사랑한 섬, 제주 한 달 살기』의 상재를 축하하며

전일환
(문학박사)

우당禹堂 최은우崔恩優 작가는 2013년 「화백문학」에 시부문으로 등단하고, 이듬해 「대한문학」 수필부문에 등단한 수필작가다. 2021년 가을에 제1수필집 『이제는 나를 위해 살기로 했다』를 상재하였고, 연이어 올해 제2집 『하늘과 바다가 사랑한 섬, 제주 한 달 살기』를 출간한다. 그는 제1집 수필집을 내면서 '결혼 전을 인생 제1막, 결혼 후 은퇴하기까지가 인생 제2막이라면, 은퇴 후의 인생 제3막은 그 누구보다도 나를 위해 살기로 했다'고 선언적 공표를 하였다.

우당은 온 고을 전주에서 태어나 전북대학교에서 은퇴하고, 신아문예대학에서 수필창작을 연찬하는 작가로 '제일 먼저 하고 싶은 게 여행이었다'고 술회하였다. 그리고 친한 친구들과 8일간의 긴 제주여행을 떠났어도 너무 짧은 여행이었음을 절감하고, 그동안 제주 한 달 살기를 벼르다가 마침내 4년 후에야 그토록 소원했던 한 달 살이 제주여행을 실행하기에 이른다.

'여행의 즐거움과 감동을 다른 사람들과 같이 나누고 싶었고, 제주 한 달 살기의 여행기가 독자들에게 많은 관심과 유익한 정보가 될 것이라는 문우들의 격려에 용기를 얻어 그동안 모아놓았던 여행기를 세상에 내놓는다'는 사실을 고백하며 여행에서 보고 느낀 감동과 아름다운 자연을 수필로 쓴 옹근 기행수필집을 상재하기에 이른다. 제주도는 어디를 가나 하늘과 바다가 지천을 이루어서 가슴을 파고드는 천혜의 세계적인 명승지다.

차를 타고 도로를 달려보면 어디를 가도 눈을 들어 우러르면 끝없는 푸르른 하늘이요, 굽어보면 망망대해가 눈앞에 다가들어 가슴을 헤집고 들어온다. 이는 마치 송순의 면앙정가俛仰亭歌 3언시를 떠오르게 한다. 면俛하여 내려다보면 바다 같이 너른 땅이요, 앙仰하여 우러러보면 끝없는 하늘이며, 내가 서 있는 곳은 정자亭子라 했듯이 하늘과 맞닿은 수평선은 그 끝이 어딘지, 생각조차 허락지 않아 막막하기 이를 데 없고 그지없다고 하였다.

우당 최은우 작가는 자신의 삶을 결혼 전 인생 제1막, 결혼 후 은퇴까지 인생 제2막, 은퇴 이후를 인생 제3막으로 3분三分하여 분석하고 해석하는 문장법을 원용하면서 그 실마리를 찾는 자기고백의 작품서문을 열었다. 이렇듯 우당은 본디 수필은 우리 인생의 삶을 분석하고 해석하는 장르임을 수필집 서문에서 분명히 밝혀냈다. 수필隨筆은 자의字義대로 붓 가는 대로 쓰는 글이 아니다.

남다른 통찰과 분석으로 우리들 인생의 여러 사상事象들을 분석하고 해석하여 관조觀照와 성찰省察에 이르지 못하면 좋은 수필이랄 수가 없다. 우리가 살고 있는 세상만물들이 모두 다 그렇다. 길가 아무데서나 생명줄을 내리고 싹터서 온갖 것들로 하여 짓밟히는 이름 모를 봄철의 풀한 포기도 그렇다. 자칫 지나쳐버릴 수 있는 하찮은 미물이라도 확대경을 들이대어 분석하고 해석해내는 남다른 관점觀點이 있어야만 한다. 이처럼 우당은 그런 미학적인 안목이 있는 독특한 작가다.

다랑쉬오름에 가려다가 제주의 아름다운 산야에 몰입된 채 그냥 길을 잃은 나머지 두 번째 목적지인 용눈이오름에 잘못 올랐다. 그러나 그것도 잠시, 넋을 잃고 그 절경에 몰입해버린 상황을 '오름 입구에는 수크령이 바람에 나풀거리며 우리를 반겼다'는 상황을 형상화形象化(Imagination)한 한 폭의 경중정景中情의 동양화폭 산수화를 그리고 있다. '파란 잔디가 봉긋봉긋한 오름을 덮고, 지천으로 억새가 흔들흔들 춤추고 있는 모습이 눈이 부시도록 아름다웠다'라며 한 폭의 수채화를 생생하게 그려내 보여주었다.

이렇듯 우당은 사물을 보는 시점視點이나 관점이 남다르고 초월적이며 전문가보다 더 섬세한 심미안審美眼을 지니고 있는 작가다. 이산 김광섭金珖燮이 「수필문학소고」에서 밝혔듯이 '수필은 달관達觀과 통찰과 깊은 이해理解가 인격화된 심경이 생활주변, 혹은 회고回顧와 추억追憶에 부딪혀 스스로 붓을 잡음에서 제작되는 형식이어야 한다.'라고 했던 것처럼 수필은 그렇게 곱고 아름답게 씌어져야만 한다. 그것이 '붓 가는 대로'의 참뜻을 담은 '따를 수隨, 붓 필筆'자의 수필이다.

우당 최은우 작가는 앞에서 상술했듯이 2013년 「화백문학」 시 부문에 등단한 시인이어서인지 수필문장의 수사가 모두 시적 수사로 곱고 아름답다. 자연 속에서 우리의 삶을 분석하고 해석하는 솜씨가 남달라 독자들을 감동으로 이끌고도 남음이 있다. 다시 말하면 우당의 수필은 작가 자신을 그대로 드러낸 아름다운 사생화 같다는 것이다. 우당의 제2수필집 『하늘과 바다가 사랑한 섬, 제주 한 달 살기』는 서정과 서사가 아우러지고, 주제가 있는 또 하나의 명수필집이다.

조선 정조대 청나라 기행수필 연암 박지원朴趾源의 「열하일기」나 대한제국 시절 유길준俞吉濬의 「서유견문」을 연상케 하며 제주를 한 눈에 들여다볼 수 있게 지어 만든 전문기행수필로 기록될 것으로 보인다. 정말 우당 최은우 수필가에 의해 상재된 제2집의 수필집을 통해 아름다운 제주의 진면목을 대하며 제주도의 참맛과 멋을 아는 계기가 되었으면 하는 바람을 간절히 안고 있다.

앞으로도 한 여름의 태양보다 더 뜨거운 열정으로 우리 인간들의 진정한 참삶을 무채색의 햇빛이 프리즘에 투과하면 일곱 빛깔 무지개로 영롱하게 비춰내듯 아름답고 가치 있는 좋은 작품들을 옹글게 창출 생산해내길 바란다. 그리하여 최은우 작가의 작품이 독자들에게 그냥 스쳐 지나가지 않고, 우당이 창작해 놓은 작품 속에서 그 작가의 영혼과 교통하며 인간의 참뜻을 깨닫는 계기가 되길 소원한다.

그리고 삶의 아름다움과 행복을 느낄 수 있기를 기대해 본다. 재삼 우당의 제2수필집 상재를 거듭 속 깊이 축하를 드린다.

2022. 12.

전일환 全壹煥
수필가, 국문학자, 전주대학교 한국어문학과 명예교수, 신아문예대학 수필창작 전담교수,
전라정신연구원 이사장, 전 전주대부총장, 전 베이징한글학교장, 전 한국언어문학회장.

작가의 말

　결혼 전이 인생 제1막, 결혼 후 은퇴하기까지가 인생 제2막이라면 은퇴 후의 인생 제3막은 그 누구보다도 나를 위해 살기로 했습니다. 직장을 은퇴하고 자유시간이 많아지자 제일 먼저 하고 싶은 게 여행이었습니다.
　친한 친구들과 8일의 제주여행을 떠날 때만 해도 긴 여행이라 생각했습니다. 하지만, 제주에서의 8일은 너무 짧은 여행이었습니다. 친구들과 함께한 8일의 제주여행에서 너무 짧았던 여행의 아쉬움과 그때의 행복했던 추억을 잊지 못해 언젠가는 제주에서 한 달은 살아보자 하고 벼르고 있었습니다. 계획을 세워놓고 차일피일 미루기를 어느새 4년이 흐른 뒤에야 '제주 한 달 살기'가 이루어졌습니다.
　이제 제주는 제2의 고향같이 친숙하게 다가와 자꾸자꾸 그리워집니다. 제주 한 달 살기 이후에도 가족과 함께, 친구, 지인들과 같이 자주 다니다 보니 제주의 오름, 올레길, 바다, 해안도로, 섬, 숲, 곶자왈, 맛집, 전망 좋은 카페 등이 눈에 선합니다.
　제주의 숲길을 걷고 바닷가를 걸으면서 마음이 편안해지고, 긴장하며 뻣뻣했던 내 몸의 세포가 기지개를 켜며 환하게 웃습니다. 부드럽게 스치는 바람에 춤추는 나무의 춤사위를 보며, 따스하게 내리쬐는 태양을 수필가는 온몸으로 느끼고, 시인은 시를 쓰고, 소설가는 상상의 나래를 펼칩니다.

여행하면서 얻은 즐거움과 행복은 그동안 생활에 지친 나에게 많은 위로를 주었습니다. 여행을 다니면서 직접 체험한 여행수필을 쓰다 보니 그 여행의 추억은 오랫동안 기억에 남아 여행하던 그때의 기분이 다시 새롭게 되살아납니다. 선명한 여행의 추억과 향기를 오랫동안 간직하고, 수시로 끄집어내 볼 수 있어서 참으로 행복합니다.

여행의 즐거움과 감동을 다른 사람들과 같이 나누고 싶었고, '제주 한 달 살기'의 여행기가 독자들에게 많은 관심과 유익한 정보가 될 수 있을 것이라는 문우들의 격려에 용기를 얻어 그동안 모아놓았던 여행기를 세상에 내놓습니다.

나와 추억을 같이 하고, 즐거움을 같이 나누고, 행복을 느끼게 해 주며 이 글을 쓸 수 있도록 여행에 동행해 준 가족과 친구, 지인들에게 감사드립니다. 글쓰기의 끈을 놓지 않고 계속할 수 있도록 지도해주시는 전일환 교수님과 수필 공부도 같이하고, 수업이 끝나면 담소도 나누면서 식사도 같이하고, 문학기행도 함께 하면서 저의 문학을 꽃피우게 해 준 문우님들에게도 감사드립니다.

끝으로 마음 편하게 여행할 수 있도록 지지해준 남편, 자녀들에게 정말 고맙고, 사랑한다고 전하고 싶습니다.

2022년 겨울 우당 최은우

차례

004 축간사 _ 전일환
008 작가의 말

제1부
하늘과 바다가 사랑한 섬
— 제주 해안도로 드라이브

018   마라도 이야기
024   제주 오름 이야기
      — 용눈이오름, 다랑쉬오름, 산굼부리
032   제주 해안도로 드라이브
040   제주의 숲 이야기
      — 사려니숲, 비자림
048   추사유배지를 찾아서
056   우도 이야기
061   제주 동쪽의 백미 섭지코지

제 2 부

제주 한 달 살기 (1)
— 제주 오름의 유혹에 빠지다

- 068 가자, 제주로
- 074 자연은 삶에 지친 사람들의 휴식처다
  — 아끈다랑쉬오름, 비자림
- 080 제주 오름의 유혹에 빠지다
  — 금오름, 새별오름
- 088 오름을 향하여
  — 백약이오름, 따라비오름
- 094 제주의 오름 중 가장 많은 민오름
  —봉개동, 오라동, 송당리, 선흘리, 수망리민오름
- 102 소인국 미니랜드와 산굼부리 억새의 군무
  — 미니랜드, 산굼부리, 스위스미을
- 110 바다가 만들어낸 조각품
  — 용머리해안, 산방산, 수월봉
- 116 식물나라 한림공원을 산책하며

제 3 부

제주 한 달 살기(2)
— 추자도의 숨겨진 비경 나바론하늘길

124	신비의 곶자왈 에코랜드
130	대한민국에서 가장 키 작은 섬 가파도
136	치유의 숲 절물자연휴양림
144	차로 올라가 보는 한라산 1,100고지
150	제주의 서쪽 해안도로 드라이브
156	제주의 동쪽 해안도로 드라이브
164	추자도의 숨겨진 비경 나바론하늘길
170	제주 여행의 훈장 발목 골절

제 4 부

여름휴가로 떠나는 제주여행(1)
― 제주곶자왈도립공원

179   여름휴가로 떠나는 제주여행
184   비 오는 날의 제주여행
191   제주의 북동쪽 여행
        ― 연북정, 종달리해안도로, 지미오름
196   제주의 남서쪽 여행
        ― 차귀도, 생이기정바당길, 천주교 대정성지
202   제주곶자왈도립공원
207   아름다운 해안풍경을 품은 원당봉
212   단산오름과 제주올레길 6, 7, 8코스
        ― 단산오름, 대평포구, 섶섬

제 5 부

여름휴가로 떠나는 제주여행(2)
― 제대한민국에서 제일 높은 한라산

222	궷물오름과 애월환해장성
226	신비로운 이승악오름
234	대한민국에서 제일 높은 한라산
246	놀멍, 쉬멍 제주올레길 4, 5코스 ― 큰엉해안경승지
254	덤으로 얻은 행운 ― 동검은이오름, 새별오름
262	제주올레길 18, 19코스 ― 별별도봉, 닭머르
268	일출 명당 성산일출봉

제6부
가고 또 가고 싶은 제주

276 　그리운 제주
　　　　— 허니문하우스, 은하수

282 　추억의 숲길
　　　　— 빛의 벙커, 박수기정, 군산오름

289 　가고 또 가고 싶은 제주
　　　　— 화순곶자왈, 본태박물관, 방주교회

297 　글라스하우스에서 우아하게 식사를
　　　　— 섭지코지, 광치기해변, 신창풍차해안도로

304 　제주와 마지막 밤을

마라도 이야기

제주 오름 이야기
　— 용눈이오름, 다랑쉬오름, 산굼부리

제주 해안도로 드라이브

제주의 숲 이야기
　— 사려니숲, 비자림

추사 유배지를 찾아서

우도 이야기

제주 동쪽의 백미 섭지코지

제 1 부

하늘과 바다가 사랑한 섬
— 제주 해안도로 드라이브

마라도 이야기

어디론가 떠나가고 싶어지는 가을날이다.
  10월의 어느 날, 3명의 친구와 함께 자동차에 짐을 가득 싣고 여행을 떠났다. 풍성한 가을 들판을 눈요기하며 쉬엄쉬엄 세 시간여를 달려서 전남 완도항에 도착했다.
  오후 4시에 출항하는 제주도행 배에 자동차를 싣고, 두 시간여의 뱃길을 달려서 하늘과 바다가 사랑한 섬, 제주도 제주항에 도착했다. 다음날부터 이어질 제주여행의 부푼 가슴을 안고 어스름이 짙어가는 제주의 중산간도로를 달려 8일간 머무를 애월읍에 있는 숙소로 향했다.
  날씨가 좋아 제주도에서의 첫 여행지는 마라도로 정했다. 전주에서부터 가져온 식품으로 아침을 준비해서 먹고, 물과 과일을 나누어 각자 등에 지고 숙소를 나섰다. 맑은 공기 마시며 달리는 차 안에서 본 제주도의 가을 들판은 가을바람에 하늘하늘 춤추는 억새의 세상이었다.

서귀포 대정읍에 있는 운진항 여객터미널에서 마라도행 배를 타고 30분 정도 지나자 마라도 선착장에 도착했다. 선착장 부근의 해안절벽에는 용암의 단면을 볼 수 있는 신기한 해식동굴이 우리를 맞이했다. 배에서 내려 걸어가니 입구에는 마라도가 우리나라의 최남단임을 알리는 기념비가 세워져 있다.

마라도는 우리나라 국토의 최남단에 위치한 섬으로 전체 면적은 49.7㎢다. 바닷속에서 독립적으로 화산이 분화하여 현무암으로 이루어진 섬이다. 본래 울창한 원시림이 덮여 있는 무인도였으나, 1883년(고종 20년)에 모슬포에 거주하던 김金·나羅·한韓 씨 등 영세 농어민 4, 5세대가 당시 제주목사로부터 개간 허가를 얻어 화전을 시작했다. 삼림지

- 마라도의 아름다운 해안절벽

대는 전부 불타버리고, 지금은 섬 전체가 완만한 경사를 가진 넓은 초원을 이루고 있다.

마라도는 군립공원에서 2007년 마라해양도립공원으로 지정되었다. 마라도에서 가파도까지 이어지는 빼어난 해안절경이 장관을 이루고, 청정바다와 진귀한 해양생태계를 자랑하고 있으며, 유람선 관광, 해저의 세계, 체험어장, 스킨스쿠버, 바다낚시 등 다양하게 즐길 수 있어 세계적으로도 유명한 섬이다.

마라도는 아름다운 경치와 다양한 해양생물, 해양생태계의 보호가치를 높게 평가받아 2000년 섬 전체가 천연기념물 제423호로 지정되었으며, 역사문화적 의미를 담고 있는 명소들도 많아 문화재보호구역으로도 지정되었다.

해안절벽을 따라 천천히 산책하며 마라도를 즐겼다. 살랑살랑 불어오는 상쾌한 바닷바람 맞으면서 친구들과 즐거운 이야기꽃을 피우며 마라로를 걸으니 여기가 바로 지상낙원이었다. 해안을 둘러싼 가파른 기암절벽과 해식터널, 해식동굴이 신기했다. 하늘에 있는 수호신이 강림하는 곳이라 신성시하는 장군바위, 애기업개에 대한 전설이 전해오며 액막이 치성을 바치는 처녀당(할망당)이 있다.

'옛날 가파도에 살던 고부 이씨 가문의 가산이 탕진되자 가족이 마라도로 건너왔다. 이때 업저지(어린아이를 업어주며 보아주는 계집아이)도 함께 왔는데 이씨 가족들은 마라도의 풀숲을 불태우고 개간했다. 불탄 수풀이 다음 해에 거름이 되면 돌아오기로 하고, 가파도

마라도의 초원

로 다시 건너가려고 하는데 이씨에게 처녀 한 사람을 두고 가지 않으면 풍랑을 만날 것이라는 신의 현몽이 있었다. 배를 타기 직전 주인 이씨는 처녀 업저지에게 심부름시키곤 떠나 버렸는데 그들이 다시 마라도로 돌아왔을 때 처녀 업저지는 앙상하게 유골만 남아 있었다. 이씨네는 이때부터 처녀당에서 업저지의 제사를 지내기 시작했다.'

마라도성당

옹기종기 모인 마을에는 조그마한 초등학교 분교와 파출소, 음식점과 민박집, 절과 교회도 보인다. 섬의 가장 높은 곳에는 제주의 등대 중 제일 아름답다고 하는 하얀 등대가 마라도 앞바다를 굳건하게 지키고 있다. 정말 예쁜 마라도성당도 있는데 들어가 보니 사람은 보이지 않고, 무언의 안내만이 우리를 맞이했다. 입구에는 방명록과 오늘의 성경 말씀을 한 구절 쓰고 들어가도록 성경책과 노트, 펜이 비치되어 있었고, 안에는 조용히 기도하고 헌금할 수 있도록 헌금함이 놓여 있었다. 우연히도 우리 네 명은 모두 천주교인이어서 안에 들어가 조용히 기도를 드리고 나왔다.

다시 이어진 산책길 해안절벽 아래에는 에메랄드빛 바다가 우리를 반가이 환영하는 듯 하얀 포말을 그리며 넘실거렸다. 저 멀리 가파도와 송악산이 반갑게 손짓하고, 아름다운 서귀포 앞바다가 펼쳐졌다. 평평하고 너른 초원이 평화로웠고, 선인장 자생지, 예쁜 들꽃, 넓은 잔디밭과 은빛 물결의 억새밭이 마음을 편안하고 행복하게 했다. 두 시간 정도 느림의 미학을 즐기면서 간식으로 먹은 핫도그도 별미였고, 어느 통신사의 "자장면 시키신 분 ~" 광고로 유명해진 마라도 자장면을 먹는 재미도 누렸다.

이번 제주에서 첫 여행지가 마라도여서 참 좋았다. 어느 방향을 보더라도 파르스름한 쪽빛 바다가 출렁거리고, 넓은 황금 들판에 나부끼는 눈부신 억새, 아름다운 산책길이 우리의 마음과 추억 속에 남아 가끔 꺼내 볼 수 있어 행복해할 것이다.

제주 오름 이야기
— 용눈이오름, 다랑쉬오름, 산굼부리

구좌읍 세화리에 있는 다랑쉬오름으로 향했다. 차창 밖에는 하늘하늘 춤추는 억새와 하얀 눈꽃 같은 메밀밭, 형형색색 아름다운 단풍, 쭉쭉 뻗은 푸르른 나무들이 우리를 반겨주었다. 제주 특유의 향토성이 살아있는 검은 돌이 집을 둘러싼 돌담, 밭 둘레를 삥 둘러친 밭담, 무덤을 에워싼 산담이 이색적이고 고풍스러웠다.

아름다운 자연에 도취하여 모두 잠깐 한눈을 팔다가 다랑쉬오름으로 가는 길목을 지나쳤다. 그래서 다랑쉬오름에서 1km 거리에 있는 두 번째 여정인 용눈이오름이 첫 번째로 바뀌었다. 용눈이오름 입구에 도착하자마자 눈앞에 펼쳐진 아름다운 풍광은 탄성을 지를 만큼 우리를 한눈에 사로잡았다. 용눈이오름을 오르면서 느꼈던 그 벅찬 감동은 평생 기억에 남을 것이다.

용눈이오름은 남북으로 비스듬히 길게 누워 몇 개의 오름이 겹쳐 굽이굽이 아름다운 곡선으로 이어졌다. 오름의 입구에서는 수크령이 바람에 나풀거리며 우리를 반겼다. 파란 잔디가 봉긋봉긋한 오름을 덮었고, 지천으로 돋아난 억새가 흔들흔들 춤추고 있는 모습은 눈이 부시도록 아름다웠다. 마치 파란 잔디 위에서 하얀 양들이 노니는 듯 평화스러웠다.

　오름 정상에 올라갈수록 세어지는 바람에 몸을 가누기 힘들어하기도 했지만, 가슴속까지 전해오는 상쾌함에 우리는 환호성을 질렀다. 오름 위에서 내려다보니 오름 가운데에 넓게 파인 굼부리가 멋스럽게 자리 잡고 있었다. 오름 주위에는 평화롭게 펼쳐지는 목장이 보이고, 목장 주위를 맴도는 레일바이크를 타고 달리는 여행객들의 즐거운 함성이 들리는 듯 자연풍광이 아름다웠다.

용눈이오름

멀리 시원스레 돌아가는 이국적인 풍차행렬이 보이고, 그 뒤로 길게 드러누운 오름들과 산들이 우리의 눈앞에 펼쳐졌다. 이름 모를 들꽃들을 보며 굼틀거리는 환상적인 능선의 용눈이오름을 오르면서 얼마나 황홀했는지 글로 표현하기에는 역부족이다.

김영갑이라는 사진작가는 용눈이오름에 반해서 사시사철, 조석으로 변하는 용눈이오름의 아름다움을 찍기 위해 그 앞을 떠나지 못했다고 한다. 용눈이오름의 아름다운 모습은 과연 사진작가의 심정을 이해할 만했다. 제주의 오름과 바다만을 찍으며 느리게 살았던 김영갑 작가는 루게릭병으로 고생하면서도 자연의 아름다움을 표현하기 위해 사진을 멈추지 않았다고 한다.

폐교를 개조하여 김영갑 갤러리 '두모악'을 만들고 고인이 되었지만, 현재 두모악에는 20여 년간 제주도만을 담아온 20여만 장의 김영갑 선생의 작품사진이 소장되어 있다. 우리가 두모악에 들렀을 때 갤러리에는 용눈이오름의 다양한 모습의 사진이 전시되어 있었다.

용눈이오름이 우리에게 오늘의 첫 번째 여정이 된 것은 정말 행운이었다. 처음 만난 용눈이오름의 신비감에 도취해 떨어지지 않는 발걸음을 '다랑쉬오름은 어떻게 생겼을까?' 하는 궁금증으로 아쉬움을 달래며 다랑쉬오름으로 향했다.

오름의 여왕이라고 불리는 다랑쉬오름은 비자림과 용눈이오름 사이에 우뚝 솟아 있다. 높이 382m의 다랑쉬오름에는 많은 나무가 입구부터 빽빽이 오름을 덮고 있다. 삼나무와 편백, 해송 등이 무성한 가파른 숲길을 올라가다 보니 다리가 아프고 숨이 막혀 왔다. 하지만, 곧이어

석양의 다랑쉬오름

다랑쉬오름 분화구

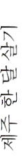

탁 트인 시야가 나오고 가슴 속까지 시원한 바람을 만났다. 30분 정도 걸어서 정상에 올라서니 넓고 깊게 파인 거대한 분화구가 발아래로 펼쳐졌다.

분화구를 한 바퀴 돌며 사방을 둘러보니 북서쪽으로 비자림과 돗오름이, 남동쪽으로는 용눈이오름과 넓은 억새밭을 지나 이국적인 풍력발전소가 보였다. 동서남북으로 물결처럼 펼쳐지는 수없이 많은 오름과 너른 억새밭, 푸른 바다가 멀리서 아스라이 눈에 들어오며 장관을 이뤘다.

다랑쉬오름 가까이에 다랑쉬오름과 닮은꼴이어서 새끼 다랑쉬인 아끈다랑쉬오름이 보였다. 자그맣고 완만한 오름의 정상에서 억새가 바람에 흔들리는 모습이 마치 눈꽃처럼 하얗고 환상적이어서 한걸음에 달려가고 싶었지만, 아끈다랑쉬오름은 아쉽게도 자연휴양림제로 통행금지였다.

조천읍 교래리에 있는 산굼부리로 발걸음을 돌렸다. 천연기념물 제263호로 굼부리의 둘레가 2km가 넘으며 제주의 굼부리 중에 제일 커서 '산굼부리'라고 부르는 이곳은 굼부리 주변에 흐드러지게 피어있는 넓은 억새밭이 인상적이었다. 은빛 물결을 이루며 군무를 추듯 바람에 출렁거리는 억새밭 골목을 이리저리 산책하며 우정을 나누었다. 드라마 '결혼의 여신'에서는 이곳에서 처음 만난 청춘남녀가 함께 걸으며 서로의 마음을 나누었던 장면이 나왔는데 아름다운 그 정경이 눈에 선했다.

'소수를 제외하는 대부분의 오름이 혹은 크게, 혹은 작게 저마다 어울리는 형태의 굼부리를 간직하고 있다. 그것은 아득한 옛날 그들이 두꺼운 지각을 뚫고 나와 제주섬에 좌정하는 숨구멍이었다. 그 가운데서도 산굼부리는 산체에 비해 대형의 화구를 가진 특이한 형태로 하여 이채롭다. 어떻게 보면 몸뚱이는 없고 아가리만 벌려 있는 것 같은 기이한 기생화산이다. 화구 둘레가 환상環狀의 낮은 언덕으로 둘러싸인 폭렬화구인 마르형 화구다. 우리나라에 하나밖에 없는 귀중한 존재인 산굼부리는 또한, 보기 드문 분화구 식물원이기도 하다. 상록·낙엽·활엽·침엽의 난대성·온대성에 겨울딸기, 자생란 등 희귀식물들이 다양하게 한울타리 안에서 삶을 영위하고 있다.'

제주에는 '설문대할망'의 설화가 있다. 설문대할망은 키가 엄청나게 커서 한라산을 베개 삼고 누우면 한 발은 성산일출봉에, 또 한 발은 현재 제주시 앞바다에 있는 관탈섬에 걸쳐졌다. 관탈섬에 빨래를 놓고, 팔은 한라산 꼭대기를 짚고 서서 발로 빨래를 문질러 빨았다. 설문대할망이 제주를 만들기 위해 치마폭에 흙을 담아 나를 때 치마의 터진 구멍으로 조금씩 빠져나와 형성된 것이 오름이고, 그중 너무 도드라진 오름을 주먹으로 툭 쳐서 누른 게 굼부리다. 그리고 마지막으로 날라다 부은 것이 한라산이 되었다고 한다.

오름이란 산봉우리 또는 독립된 산을 일컫는 제주어로 한라산 자락에만 360여 개가 있다고 한다. 오름의 정상은 분화구가 둥글게 파여 있어 이를 굼부리라고 한다. 제주 오름의 정상에 올라 오름 주위의 풍광을 바라다보고 있노라면 제주의 매력에 빠질 수밖에 없다.

　병풍처럼 둘러쳐진 오름군락과 풍차들의 행렬, 시원스레 펼쳐지는 바다, 바람에 하늘거리는 은빛 물결의 억새밭, 넓고 푸른 목장에서 한가로이 풀을 뜯고 있는 소들의 모습에 즐거운 비명이 절로 터진다. 제주를 다시 보게 되고, 더욱 제주를 사랑하게 되리라.

　하루에 너덧 시간 이상을 걸었지만, 다리 아픈 줄도 모르고, 오르고 또 오르고 싶은 게 제주의 오름이었다. 이번 가을에는 억새가 우리를 반겼는데 봄, 여름, 겨울의 오름은 어떤 모습일까, 궁금하여 계절마다 찾아오리라 다짐해보기도 했다. 다음 제주도 여행은 오로지 오름만을 위한 여행을 하고 싶었다. 시간이 부족하여 가보지 못한 많은 오름에 올라 이 벅찬 감동을 다시 누려보리라.

산굼부리 억새동산

제주의 해안도로 드라이브

바다로 둘러싸인 제주는 해안도로가 잘 꾸며져 있다. 제주를 한 바퀴 도는 181km의 일주도로를 달리다 보면 중간중간에 해안도로를 만날 수 있다. 제주여행 또 하나의 매력은 이 해안도로를 드라이브하면서 해안마다 특색 있는 아름다운 천혜의 비경을 즐기는 것이다.

애월읍에 숙소를 두고 있던 우리는 이호테우해변으로 들어섰다. 에메랄드빛 드넓은 바다와 하얀 모래사장, 마주 보며 서 있는 말 모양의 빨간색과 하얀 등대가 우리를 반겼다. 이호에서 외도까지 잘 닦여진 해안도로에는 바다를 전망으로 하는 예쁜 카페와 음식점들이 보였고, 시원한 바다 위에서는 서프보드를 즐기는 사람들의 아우성이 파도 소리에 묻혀 들려왔다.

외도에서 도심을 지나 다시 하귀해안도로로 들어섰다. 지그재그로 오르내리며 해안의 색다른 매력을 느낄 수 있는 하귀-애월해안도로에

이호태우해수욕장

   는 시원하게 바다가 펼쳐지고, 구멍이 숭숭 뚫린 검은 돌과 바위가 이색적인 해안절벽이 우리를 환영했다. 해변의 하얀 모래사장과 신기하고 아름다운 해안절벽이 어우러진 멋진 풍경은 여러 폭의 수채화를 파노라마로 보는 것 같았다.

  해안도로를 달리다가 예쁘게 단장한 카페와 레스토랑, 민박들이 자리하고 있는 곳을 만났다. 잠깐 차를 세우고 저 멀리서부터 검푸른 물결이 넘실대며 너울너울 하얀 포말을 일으키는 바다를 바라보면서 마시는 커피 맛은 그야말로 꿀맛이었다. 절벽 위에서 예쁘게 사진도 찍고 바닷바람을 마시며 낭만적인 바다를 맘껏 껴안았다. 신비스럽게 굴곡진 해안절벽이 출렁거리며 바위를 어루만져 주는 푸른 바다와 어우러진 풍경은 환상적이었다. 사진을 찍어 지인들에게 카톡으로 보냈더니 바다색이 정말 예쁘다며 바로 제주로 달려오고 싶다고 했다.

쉼표를 마치고 다시 해안도로를 달려서 빨간 등대와 하얀 등대가 마주 바라보고 있는 애월항을 만났다. 일주도로는 마을의 액운을 막기 위해 쌓았던 방사탑과 외적의 침입을 알리던 남두연대가 있는 애월항에서 다시 도심으로 진입했다.

요즈음 젊은이들에게 인기 좋은 애월의 카페거리가 있는 곳에서 차를 주차하고, 한림에서 고내까지 이어지는 제주올레길 15-B코스에 포함된 아름다운 '한담해안산책로'를 걸었다. 애월에서 잘 정비된 해안로를 따라 곽지해수욕장까지 갔다가 다시 되돌아 나와 해안도로 드라이브를 계속했다.

곽지해수욕장에서 수원리까지 이어지는 귀덕해안도로를 지나 '협재해수욕장'이 나왔다. 차에서 내려 신발을 벗어 던지고 하얀 분가루 같은 모래밭을 거닐었다. 에메랄드빛 바다와 아름다운 섬 비양도가 보이고, 파란 하늘과 바다가 구분되지 않는 아스라이 펼쳐진 수평선의 풍광은 우리의 마음을 한껏 들뜨게 했다. 신비하고 아름다운 자연 속에서 한껏 부풀어 오른 기분에 모래밭에서 아이들처럼 폴짝폴짝 뛰어오르며 즐거워했다. 검은 바위 위에서 인어공주의 자세도 취하고, 검은 돌 해녀상의 팔에 매달리기도 하면서 사진을 찍고 즐거워했다.

해안도로는 커다란 날개가 시원스레 돌아가는 풍력발전기의 이국적

애월의 한담해변산책로

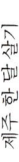

신창풍차해안도로

인 풍경에 넋을 잃게 하는 신창해안도로로 다시 이어졌다. 젊은 날에 즐거웠던, 때로는 쓸쓸했던 추억의 바다를 꺼내 보면서 해안의 절묘한 풍경을 따라 달리니 수월봉과 차귀도가 한눈에 들어왔다. 해안을 따라 달리는 중간중간에 포구를 중심으로 펼쳐지는 소박한 어촌의 모습이 정겨웠다. 그 넓고 푸른 바다를 옆에 끼고 맘껏 드라이브 하는 여유로움에 모든 걱정이 사라지고 마음이 평화로웠다. 제주도에서 가장 서쪽에 위치한 차귀도를 눈앞에 두고 우리는 해안도로 드라이브를 마쳤다.

일주도로를 계속 달려 '외돌개' 근처에 차를 주차하고 해안 산책길을 걸었다. 애절한 전설이 담긴 외돌개를 중심으로 문섬과 범섬 사이에 수채화처럼 펼쳐지는 바다와 해안이 어우러진 황홀한 풍경을 즐기며 걸을 수 있었다. 외돌개를 끼고 도는 해변에는 주변에 멋진 찻집과 갤러리, 예쁜 돌담길을 지나 돔배낭골까지 가볍게 걸으며 즐길 수 있는 올레길 7코스의 명소다.

'서귀포 칠십 리 해안가를 둘러싼 기암절벽 중 가장 특이한 외돌개는 20m 높이의 기둥바위다. 서귀포 시내에서 약 2km쯤 서쪽에 삼매봉이 있고, 그 산자락의 수려한 해안가에 우뚝 서 있는 외돌개는 약 150만 년 전 화산이 폭발하여 용암이 섬의 모습을 바꿔놓을 때 생성되었다. 꼭대기에는 몇 그루의 소나무들이 자생하고 있으며 뭍과 떨어져 바다 가운데 외롭게 서 있다고 하여 외돌개란 이름이 붙여졌다.'

옛날 서귀포에 어느 노부부가 살았는데 할아버지가 어느 날 멀리 고기를 잡으러 나가게 되었다. 할머니는 할아버지가 걱정되어 매일같이 외돌개가 있는 자리에서 할아버지를 기다렸다. 그러나 할아버지는 풍랑을 만나 바다에서 숨을 거두었고, 할머니는 오래도록 기다리다가 그 자리에서 돌이 되었다. 후에 외돌개가 된 할머니 곁으로 할아버지 시신이 돌아와 다시는 헤어지지 말자고 한데 엉켜 큰 바위가 되었다. 사람들은 노부부의 슬프고도 아름다운 사랑의 전설을 오랜 세월 기려왔으며, 외돌개를 할망바위라고 부르기도 한다.

해안도로의 멋진 풍경은 끝없이 펼쳐지는 에메랄드빛 바다와 신기한 검은 돌과 바위, 곱고 하얀 모래밭, 아기자기한 해안이 아름다운 그림이 되어 우리 눈에 다가왔다. 때로는 답답한 속이 탁 트이는 기분이 되고, 때로는 명상에 잠기기도 했다. 마음의 평온과 위안을 얻고 행복을 느끼며 차분한 마음이 되고, 때로는 화사하게 때로는 고즈넉하게 다가왔다. 바다는 그저 바라만보고 있어도 행복했다.

바닷바람을 가르며 시원하게 뚫린 해안도로에서의 드라이브는 삶 속에 녹아있던 스트레스 찌꺼기가 저 멀리 바닷속으로 사라지는 것 같았다. 바다내음 물씬 풍기는 제주의 해안도로는 꼭 다시 달리고 싶은 도로다. 한동안은 제주바다와 해변의 아름다움을 가슴에 담아 그리움을 품고 살아갈 것이다.

슬픈 전설을 간직한 외돌개

제주의 숲 이야기

— 사려니숲, 비자림

　사려니숲에 가려고 비자림로에 들어서니 양옆으로 쭉쭉 늘어선 키 큰 삼나무들이 시원한 그늘을 만들어주며 나란히 줄을 이어 반겼다. 차창 밖에서 불어오는 상쾌한 바람과 상큼한 숲 냄새에 감탄사가 절로 나오고 가슴속까지 시원하게 뚫렸다.

　'사려니라는 말은 제주어로 '숲 안'이며 신성한 곳을 의미한다. 맑은 공기 맘껏 마시며 치유와 명상의 숲인 사려니숲은 천연림으로 서어나무, 졸참나무, 단풍나무 등이 자생하고, 편백, 삼나무 등이 빽빽하게 자라고 있다. 사려니숲길은 비자림로에서 물찻오름을 거쳐 사려니오름까지 이어지는 15km의 숲길이다. 산책로에는 화산쇄설물인 빨갛고 작은 덩어리로 된 '송이'가 곱게 깔려 있다.'

'사려니숲' 입구에 빽빽하게 자라고 있는 삼나무숲에는 잘 정비된 산책로가 있어 시원한 나무 그늘에서 여유롭게 산책하며 숲을 즐길 수 있다. 수령 80년 이상인 삼나무숲 어디에서나 멋진 포토존이 되고, 책을 읽을 수 있는 작은 도서관이 있다, 무장애나눔길도 있어 걷기 불편한 사람도 안전하게 다닐 수 있고, 걷다가 편히 쉴 수 있는 쉼터도 마련되어 있다.

사려니숲 입구에서부터 까악까악 까마귀 소리를 동무 삼아 송이길을 걸으니 철 지난 산수국이 반겼다. 원시림으로 덮인 5.2km의 숲길을 걸으니 물찻오름으로 오르는 이정표가 나왔다. 물찻오름은 백록담과 같이 분화구에 물이 차 있는 담수호로 되어 있다고 한다.

사려니숲의 삼나무길

사려니숲에서

사려니숲길은 자연휴양림 제도로 통제하는 구간이 있었다. 전 구간 산책은 '사려니숲 에코힐링 체험' 행사 기간에만 연 1회 개방하고 있었다. 물찻오름도 휴식년이어서 아쉽게 발길을 돌려야 했다. 또 반대쪽에 있는 사려니오름은 사전 예약을 해야만 오를 수 있으며 하루에 오를 수 있는 인원을 제한하고 있다.

왕복 4시간 동안 숲속에서의 걷기와 명상 체험으로 온몸의 세포가 살아나는 듯 산뜻함을 느꼈다. 삼림욕을 하고 느림의 미학을 실천하는 여유와 낭만의 산책길이었다. 갖가지 나무와 산수국, 산딸기, 엉겅퀴 등 야생화가 자연스럽게 어우러져 자연과 온전히 하나가 될 수 있는 천연의 숲이었다.

수령이 500~800년으로 오래된 비자나무 2,800여 그루가 하늘을 향해 쭈욱 뻗어 있는 '비자림' 또한 삼림욕장으로서 빼놓을 수 없는 곳이다. 주목과의 침엽수인 비자나무는 100년이 지나도 지름이 20cm 정도밖에 자라지 않는다고 한다. 비자림은 매우 독특한 숲으로 단일수종의 숲으로는 세계 최대 규모를 자랑하고 있는 숲이다.

곶자왈지대로 식물이 살아갈 수 없을 듯한 바위나 돌 틈에 뿌리를 내려 살아가는 파릇파릇한 식물이 더없이 아름다웠다. 기나긴 모진 세월 매우 열악한 환경 속에서 주위 나무들과 경쟁하면서 꿋꿋이 서 있는 비자나무가 당당해 보였다. 오랜 세월 동안 굳건하게 뻗어 이곳 비자나무 숲을 무사히 지켜온 비자림의 터줏대감 할아버지 '새천년비자나무'가 웅장하고 듬직해 보였다. 생명이 얼마나 강하고 존귀한 것인지 몸속이 알맹이가 다 빠져나가 구멍이 뻥 뚫려버린 고목이 존경스러웠

모진세월을 버텨온 비자림의 고목

고, 서로 얼마나 사랑했는지 다정하게 둘이서 하나가 된 연리목이 신비스러웠다. 사계절 내내 푸르른 숲 비자곶의 생명력이 신비스럽고 경이로웠다.

나무들이 자기 몸을 보호하기 위해 끊임없이 뿜어내는 피톤치드는 우리 몸의 독소를 제거하고, 신진대사를 활발하게 하며 심폐기능을 강화해준다. 화산송이로 된 산책길을 걷고, 쉼터 의자에 앉아서 즐거운 이야기꽃을 피우며, 천 년의 숲 비자림에서 생성되는 피톤치드를 온몸에 듬뿍 받아 몇 년 젊어진 기분이었다.

저녁을 먹고 시장도 볼 겸 제주의 전통시장인 동문시장을 찾았다. 시장 입구에서 제주도의 명물 빙떡을 사 먹었는데 무채로 된 속이 짜고 입맛에 맞지 않았다. 그래서 또 다른 명물인 오메기떡은 맛이 없을 것 같아 아예 포기하고 맛도 보지 않았다. 차라리 그 옆 포장마차에서 할머니가 굽는 호떡이 더 맛이 있을 것 같았다.

할머니에게 호떡을 달라고 하니 이미 구워놓아 식어버린 것 같은 호떡을 주시기에 바로 굽고 있는 것을 먹겠다고 하고 구워지기를 기다렸다. 다 구워진 것 같아 달라고 하니 할머니는 아예 안 판다고 화를 내셨다. 순간 허를 찔린 우리는 서로를 바라보며 폭소를 터뜨렸다. 우리 뒤에 호떡을 사려는 사람도 없었고, 어차피 구워 놓으면 또 식을 것을 굳이 식은 것을 먹으라며 아예 팔지 않겠다는 것이었다. 거의 100세는 되어 보이는 꼬부랑 할머니가 어리석은 꼰대라기보다는 차라리 귀여워 보였다. 손님이 왕이 아니라 호떡장사 할머니가 왕이었다.

우리는 제주여행 내내 간간이 떠오르는 호떡할머니 이야기로 배꼽을

비자림의 새천년나무

잡고 웃곤 했다. 제주 명물의 맛을 기대했던 우리는 결국 시장 속에서 파는 떡볶이와 김밥으로 저녁을 때웠다. 음식은 역시 우리 고향 전주가 으뜸이라는 생각이 저절로 들었다.

　제주도 지역을 지나간 태풍 판폰의 간접영향으로 시장에는 생선이 많이 나오지 않았다. 사고 싶었던 갈치는 너무 작아서 삼치 몇 마리를 사 들고 내일 아침에 맛있게 구워 먹을 희망으로 어둠 속을 뚫고 숙소로 달렸다.

추사유배지를 찾아서

　추사관과 추사유배지가 있는 대정읍 안성리로 차를 몰았다. 2007년 제주특별자치도 기념물이던 추사적거지秋史謫居地가 추사유배지로 이름을 바꿔 국가사적으로 승격되었다. 2010년 추사유물전시관도 지하 2층, 지상 1층으로 재건립 되어 추사관으로 명칭이 바뀌었다.
　건축가 '승효상'은 추사관의 주 전시공간을 지하로 배치하여 큰 규모를 숨기고, 대정현성 등 주변의 풍경과 조화되도록 하였다. 지상에는 가장 단순하고 명료한 건축물로 추사 김정희 유배시절의 고독한 풍경을 조성하여 본질만 남은 추사체의 흔적으로 표현하였다고 한다.
　추사관에는 추사의 일생과 업적이 자세히 적혀 있다. 추사의 유배시절 쓸쓸한 삶을 달래면서 열정을 불태웠던 학문, 예술세계를 엿볼 수 있어서 처연했다. 고달팠던 유배생활에서도 추사는 제주지방 유생들에게 학문과 서예를 가르치고, '추사체'를 완성하고, '세한도'를 그렸다. 세한도는 178년이라는 세월이 지나고 나서야 2020년 손창근 선생이 국가에 기증함으로써 국보 180호로 지정되고 빛을 보게 되었다.

세한도는 조선 말기를 풍미했던 문인화의 최고 정수를 보여주는 작품이다. 추사 김정희의 대표작으로 1844년 제주유배지에서 제자 이상적에게 고마움을 전하기 위해 답례로 그려준 서화다.

역관 이상적은 제주에 유배된 추사에게 북경에서 구한 귀한 책을 보내주곤 했다. 이상적의 변함없는 의리를 '날씨가 추워진 뒤 제일 늦게 낙엽 지는 소나무와 잣나무의 지조'에 비유하여 이상적의 송백과 같은 지조와 절개를 칭송하고 있다. 제자 이상적의 시에서는 추사를 '세한의 소나무'에 비유하고 있다.

조선 후기의 문신이자 서화가였던 추사 김정희는 시, 서, 화 분야에서 독창적이며 뛰어난 업적을 남긴 조선시대의 대표적인 학자이며 예술가다. 경주 김씨 가문으로 그의 증조할아버지가 영조 임금의 사위였던 권세가의 집안 자제였다. 순조 19년(1819) 문과에 급제하여 벼슬을 하게 된 추사는 그의 나이 55세 헌종 5년(1840)에 안동 김씨와의 권력다툼에서 억울한 누명을 쓰고 제주도로 유배되어 헌종 14년까지 약 9년간 유배생활을 했다.

유배 초기에는 포교 송계순의 집에 머물다가 몇 년 뒤 이곳 강도순의 집으로 옮겨 왔다. 이곳에서 살면서 제주지방 유생들에게 학문과 서예를 가르쳤으며, 제주지역의 학문발전에 크게 이바지하였다. 차를 매우 좋아한 김정희는 다도의 대가인 초의선사와 평생 우정을 나누었으며, 제주지역에 차 문화를 도입한 선구자이기도 하다. 이곳에 머무는

추사유배지

동안 김정희는 추사체를 완성하고 생애 최고의 명작으로 손꼽히는 세한도(국보 180호)를 비롯하여 많은 서화를 남겼다. 이곳에는 집터만 남아서 경작지로 이용되다가 1984년에 강도순 증손의 고증에 따라 복원되었다.

추사관에서 나오면 세한의 소나무를 닮은 소나무가 서 있고, 추사의 동상이 서 있다. 그 옆에 추사가 기거했던 나무울타리로 둘러쳐진 추사유배지가 있다. 집 울타리 밖으로 나갈 수 없는 위리안치圍籬安置형을 받은 김정희가 거처했던 유배지는 4동의 초가집으로 되어 있다.

대문 옆에는 쉐막(외양간)이 있고, 안에 들어가면 추사가 학문과 서예를 가르쳤던 밖거리(바깥채), 주인 강도순이 살았던 안거리(안채), 추사가 기거했던 모거리(별채)가 있다. 곡식을 쌓아두는 두 동의 눌이 있고, 소나 말을 이용해 곡식을 찧거나 빻는 말방아(연자방아)가 있다. 물을 길어올 때 사용하는 물허벅과 물허벅을 올려놓는 물팡, 돼지우리와 화장실을 합친 돗통시 등이 있어서 추사의 숨결을 느끼며 그 시절 생활상을 엿볼 수 있었다.

추사관과 추사유배지 주변을 둘러싸고 펼쳐지는 '대정읍성'은 조선 태종 18년에 대정 현감 유신이 왜구의 침입을 막고 백성들을 보호하기 위해 만든 성지이다. 구멍이 숭숭 뚫려 있는 제주 특유의 현무암으로 성벽이 이루어졌으며, 성벽이 집과 밭들 사이에 자리하고 있어 성벽을 따라 걷다 보니 주황색으로 익어가는 감귤밭도 볼 수 있었고, 사람이 거주하는 집들도 볼 수 있었다. 마을 안에는 옛날에 사용했던 큰 우물인 대정[大井]이 보존되어 있다.

곡식을 쌓아 두는 '눌'

추사유배길

1코스 : 집념의 길(추사관-추사관, 순환코스, 8.6km, 3시간)
추사관-송죽사터-송계순집터-대정우물터-동계정온유허비-한남의숙터-정난주마리아묘-남문지못-단산과방사탑-세미물-대정향교-추사관

2코스 : 인연의 길(추사관-오설록, 8km, 3시간)
추사관-수월이못-추사와귤-제주옹기박물관-추사와매화-곶자왈-서광승마장-오설록티뮤지엄

3코스 : 사색의 길(대정향교-안덕계곡, 10.1km, 4시간)
대정향교-추사와전각-추사와건강-추사와사랑-추사와아호-추사와창천-안덕계곡

대정읍성

추사 유배길이라 하여 추사관으로부터 다양한 코스의 산책길이 있어서 욕심을 부렸지만, 어느덧 해가 뉘엿뉘엿 우리의 걸음을 재촉하고 있었다. 내일의 여정을 위해 아쉬운 일정을 마감하고, 주위의 산과 어울려 오묘한 빛을 발하며 우리를 따라오는 아름다운 황혼을 즐기면서 숙소로 돌아왔다.

바다에 누워 있는 우도

우도 이야기

 섬 속의 섬, 우도牛島는 소가 누워 있는 모습과 닮았다 하여 우도라 부른다. 제주도 동쪽 끝에 있으며 완만한 경사의 비옥한 토지와 풍부한 어장, 우도 8경 등 천혜의 자연조건을 갖추고 있다. 그중에서도 쪽빛 바다와 산호가 부서져 형성된 눈이 부시도록 하얀 모래사장인 서빈백사해수욕장이 으뜸이라지만, 나는 자연경관이 아름다운 우도봉이 최고다, 라고 말하고 싶다.
 성산항에서 우도까지 가는 데 배로 10여 분이 소요되었다. 우도항에서 셔틀버스를 타고 첫 번째로 우도 전체를 내려다볼 수 있는 '우도봉'에서 내렸다. 입구에서는 특산품인 우도 땅콩을 맛보기로 주었는데 알갱이가 작고 참 고소하니 맛있었다. 완만한 경사를 따라 우도봉까지 올라가니 오른쪽 아름다운 해안절벽 아래에서는 잔잔한 파도가 하얀 포말을 이루며 부서졌다 다시 밀려오곤 했다.

왼쪽으로는 억새가 어우러진 파란 들판과 검은 돌담 그리고 산담, 아기자기한 우도의 전경이 한눈에 내려다보였다. 우도봉 위에서 바라본 우도 전경의 맑고 푸른 바다, 하얗게 부서지는 파도와 눈부시게 빛나는 백사장의 풍경을 모두 일컬어 '지두청사地頭靑莎'라고 부르기도 한다.

  버스는 우도봉에서 두 번째 목적지인 '검멀레해변'으로 데려다주지만 우리는 버스를 타지 않고 걸어서 가기로 했다. 우도등대를 지나 사진도 찍고, 아름다운 해안절경과 시원한 숲속의 풍광을 즐기면서 30여 분 걷다 보니 해변의 모래가 까만 검멀레해변이 나왔다. 이곳은 절벽 아래 큰 동굴이 있는데 '동안경굴'이라고도 한다. 밀물이어서 까만 모래사장은 별로 보이지 않았고, 바다로 뚫렸다는 굴도 들어가 보지는 못했다.

  다시 셔틀버스에 올라 세 번째 목적지인 '하고수동해수욕장'으로 향했다. 해변은 얕은 수심에 옥빛이 감도는 바다와 밀가루처럼 부드러운 하얀 모래밭이 예뻤다. 검은 돌로 만들어진 인어상과 거대한 두 개의 해녀상이 눈길을 끌었다. 70세의 해녀를 모델로 삼아 제작되었다는 이 해녀상은 우도 마을의 액을 막고, 바다에서 물질하는 해녀들의 무사 안녕과 평안을 기원하는 의미가 있다고 한다.

  우도의 해녀는 400명 정도이며 주로 70대 할머니라고 한다. 현존하는 해녀는 82세가 최고령이지만, 93세가 최고령이었다고 한다. 금강산도 식후경이라고, 해수욕장 앞에 있는 해광식당에서 줄을 서서 기다리다 점심으로 보말성게칼국수를 먹었다. 일손이 부족한 식당은 '재촉하지 않는디.'라는 표어를 써 붙여 놓고 동분서주하는 모습이다. 목마른 자가 우물을 판다고 배가 고픈 손님들은 스스로 빈 그릇을 치우며 상을 닦았다. 배고픈 상태로 오랜 기다림 끝에 처음 먹어보는 보말성게칼국수가 정말 구수하니, 맛있었다.
  하고수동해수욕장에서 네 번째 목적지인 서빈백사(홍조단괴)로 가기 위해 셔틀버스에 다시 올랐다. 버스기사는 우도에서 유일하게 바다가 보이지 않는 마을인 중심지를 지나고 있다고 소개했다. 그곳은 우도의 명동이며, 현재 보이는 그린마트를 우도의 백화점이라 부른다고 했다.

또 유흥가를 지나는데 그곳에는 단란주점 두 곳이 있으며 아가씨도 한 명씩 있다고 했다. 그리고 양쪽 아가씨 나이의 합이 120세라고 했다. 그 옆에 우체국이 있는데 금융의 거리라고 했다. 버스 기사는 우스갯소리를 하며 아주 훌륭한 가이드 역할로 관광객들에게 한바탕 웃음을 선사했다.

'서빈백사해수욕장'은 영화 '시월애'의 촬영장소로 더욱 유명해진 산호사해수욕장이다. 동양에서는 유일한 산호해변으로 산호가 부서져서 형성된 눈이 부시도록 새하얀 돌모래사장과 에메랄드빛 아름다운 바다가 신비스러웠다.

우도봉

주변에는 해변풍경과 잘 어울리는 찻집과 숙박업소, 가게들이 있다. 차 한 잔의 여유를 즐기면서 창밖으로 펼쳐지는 바닷가 경치를 바라보며 멋을 부려보는 낭만도 누려볼 수 있었다.

우도땅콩아이스크림을 하나씩 사서 시원하게 목을 달래고 있노라니 연예계 출신인 아이스크림점 사장이 한 차례 이벤트를 열었다. 재미있는 퀴즈도 내고, 손님들에게 엄청나게 크고 예쁜 여러 가지 모습(남산타워 등)의 아이스크림을 만들어 주며 흥을 돋우었다. 아이스크림을 사기 위해 줄을 선 관광객들은 갑작스러운 유쾌한 이벤트에 즐거운 비명을 내질렀다. 우도에 더 머물다 가고 싶은 마음을 달래며 우도항으로 가서 배를 타고 다시 성산항으로 출발했다.

제주 동쪽의 백미 섭지코지

신양해수욕장에서 바다로 이어지는 언덕인 '섭지코지'는 제주 동부의 최고 관광지로 꼽힌다. 좁은 땅이란 뜻을 가진 '섭지'와 코끝 모양 비죽 튀어나온 지형으로 바닷가에 불쑥 튀어나온 땅을 의미하는 '코지'가 합쳐져 만들어낸 해안 절경이다.

섭지코지의 백미는 넓은 들판의 초원과 봄이 오기도 전에 눈부시게 피어난 노오란 유채밭을 거닐며 사진을 찍고, 청명한 가을날 하늘하늘 춤추는 하얀 억새밭 사이를 거닐며 정담을 나누는 것이다. 코지가 선사하는 아름다운 해안절벽, 바다를 배경으로 우아하게 서 있는 글라스하우스와 바다에 떠 있는 성산일출봉과 우도봉의 기막힌 풍광은 덤이다.

제주 동쪽 바다의 광활한 아름다움을 가장 잘 느낄 수 있어서 영화나 드라마의 촬영장소로 인기가 좋지만, 그중에서도 드라마 '올인'의 촬영장소로 더욱 유명해지기도 했다. 들판에는 올망졸망 야생화가 반갑게 인사하고, 은빛 물결의 억새와 키가 큰 갈대가 한껏 가을의 분위기를 자아냈다. 가을들판에 부는 시원한 바람이 한층 더 멋스러운 분위기를 선사했다. 신기한 기암절벽 아래 검푸른 바다는 바람의 리듬에 출렁출렁 넘실거렸다. 동북 방향으로 솟아있는 붉은오름에는 하얀 등대와 전망대가 있다. 전망대에 올라서니 동쪽으로 세계적인 건축가인 '안도 다다오'가 설계했다는 아름다운 글라스하우스가 보였다. 뒤로 웅장한 성산일출봉이 보이고, 그 뒤로 소가 누워 있는 형상인 우도의 우도봉이 나란히 보였다. 섭지코지의 해안절경이 바로 코앞에 펼쳐지고, 절벽 아래로 보이는 촛대 모양의 선돌바위는 용왕의 아들과 하늘나라 선녀에 대한 슬픈 짝사랑의 전설이 애달프다. 코지 안에는 옛날 봉화에 불을 지피던 협자연대라는 돌로 만든 봉수대가 남아 있다.

'글라스하우스'는 자연과 조화를 이루는 한편, 단순하면서 깔끔한 조형미가 아름다운 건물로 알려졌다. 하지만, 전망대에서 보이는 글라스하우스는 그 뒤에 보이는 성산일출봉의 아름다운 모습을 많이 가려 위치가 아쉬웠다. 아마 글라스하우스에서 한껏 분위기를 잡고 식사하며 성산일출봉을 바라보았다면 감탄사를 연발했으리라.

섭지코지의 올인하우스는 드라마 올인에서 예쁜 여주인공이 수녀님들과 함께 한때 기거했던 성당과 수녀원 건물이 있던 세트장을 복원한 관광명소였다. 하지만, 드라마 올인의 기억이 희미해져 가는지 기대했던 올인하우스가 없어지고, 대신 과자박물관인 달콤하우스가 들어서 있었다. 이제는 섭지코지에서 10여 년 전 재미있게 보았던 드라마 올인의 감동을 다시 느끼며 추억의 한 편을 꺼내 볼 수 있는 기회는 없어졌다.

섭지코지 전망대에서

제주의 황혼

섭지코지에서 이국적인 정취를 맘껏 맛보고, 자동차를 타고 숙소로 돌아가는 도중에 만난 붉은 노을이 내려앉는 광경이 경이로웠다. 탄성을 지르며 급히 차를 길가에 세우고 일몰을 감상하며 사진을 찍었다. 구름 뒤에 살짝 숨어 황혼을 연출하는 태양이 무척이나 아름다웠다. 제주여행의 마지막 저녁에 맞이한 황홀한 행운이었다.

제주여행은 고등학교 수학여행을 시작으로 신혼여행, 가족여행 등 여러 번 다녀왔지만, 이번 여행에서 아름다운 제주의 참모습을 제대로 볼 수 있었다. 틀에 박힌 코스의 여행이 아니라 마음의 여유를 가지고 천천히 돌아본 제주의 아름다운 자연경관은 정말 세계의 그 어느 곳과 비교해도 손색이 없었다. 그동안 여러 나라를 여행했지만, 이번 제주여행만큼 감탄사를 연발하며 감동한 곳은 없었다. 앞으로는 해마다 한 번쯤은 그리운 마음으로 무작정 준비도 없이 하늘과 바다가 사랑한 섬, 제주도로 훌쩍 떠나고 싶어질 것이다.

가자, 제주로

자연은 삶에 지친 사람들의 휴식처다
― 아끈다랑쉬오름, 비자림

제주 오름의 유혹에 빠지다
― 금오름, 새별오름

오름을 향하여
― 백약이오름, 따라비오름

제주의 오름 중 가장 많은 민오름
― 봉개동, 오라동, 송당리, 선흘리, 수망리민오름

소인국 미니랜드와 산굼부리 억새의 군무
― 미니랜드, 산굼부리, 스위스마을

바다가 만들어낸 조각품
― 용머리해안, 산방산, 수월봉

식물나라 한림공원을 산책하며

제 2 부

제주 한 달 살기(1)
— 제주 오름의 유혹에 빠지다

가자, 제주로

친구들과 함께한 8일의 제주여행에서 너무 짧았던 여행의 아쉬움과 그때의 행복했던 추억을 잊지 못해 언젠가는 한 달의 여행을 벼르고 있었다. '10월 제주 한 달 살기' 계획을 세워놓고 차일피일 미루기를 어느새 4년이 흘렀다.

드디어 8월의 모임에서 4명이 한 달 동안 함께 할 수 있는 구체적인 여행계획이 세워졌다. 기대에 부푼 마음으로 집에 돌아와 저녁을 먹고 바로 컴퓨터 앞에 앉아 한 달 동안 묵을 숙소를 알아보았다. 보통 한 달에 120만 원 안팎으로 나와 있었다. 그래서 조금 폭넓게 150만 원 미만의 숙소를 찾아보면서 관심을 끄는 숙소를 메모했다. 시간 가는 줄 모르고 장시간 컴퓨터를 들여다보고 있자니 어느새 새벽 3시가 되었다. 머리가 띵하고 눈이 침침해서 직접 알아보는 건 다음 날로 미루고 잠자리에 들었다.

다음 날 아침 일찍 메모해둔 12개의 숙소에 단체 메시지를 보냈다.

'안녕하세요? 10월 8일~11월 7일 숙박 가능한가요? 성인 4명이 이용하려고 합니다. 꼭 이 기간이 아니더라도 10월에서 11월 어느 날이든지 한 달 정도 사용하고 싶습니다.'

모두 답장이 왔고 8:4로 가능하다는 회신이 많았다. 8개의 숙소 중에서 가격과 환경, 공간, 위치를 비교해서 공항에서 가깝고, 주변에 편익시설이 많은 제주 신시가지의 '노형하우울'로 정했다. 3층 독채로 방 3개, 거실 겸 주방이 있는 숙소였다. 원래는 120만 원이었으나 할인이벤트 기간이라 한 달 사용료 95만 원 중 50만 원을 계약금으로 송금했다. 그래도 생각보다 싼 가격으로 빠르고 쉽게 숙소를 정하고 나니 마음이 홀가분했다.

우리는 이틀 뒤에 여행 준비를 위해 모두 모였다. 자동차는 누구의 것을 가지고 갈 것인지, 배편 예약, 음식 준비 등 여러 가지 얘기를 나누었다. 다음 날 목포에서 출발하는 배편까지 예약하고 나니 이제 정말 '제주에서 한 달 살기'의 꿈이 가까이 왔음을 느꼈다.

여행 이틀 전 다 같이 모여서 여행지에서의 한 달 먹거리를 준비했다. 우리네 정서상 어디를 가든지 반찬으로는 김치가 으뜸이다. 김장하듯이 배추김치와 파김치를 푸짐하게 담아 놓으니 벌써 여행지에서 먹을 맛있는 김치와 밥이 기대되었다. 쌀과 부식, 과일, 양념류 등 먹거리도 대충 준비되었다.

10월 8일, 목포에서 오전 9시 배를 타기 위해 새벽 5시에 출발하기로 했으나 차를 가지고 가는 친구는 여행의 설렘으로 잠을 설쳤는지 4시 30분에 우리 아파트에 와서 나를 태웠다. 중간에 친구 2명을 태우고서 4명이 목포로 향했다. 부지런한 친구 덕분에 여유롭게 목포여객터미널에 도착하여 자동차를 배에 선적하고, 조금 기다리다가 우리도 승선했다.

이틀 전 태풍 콩레이가 한반도를 덮치고, 동해상으로 빠져나가면서 불어 닥친 강풍이 울산, 부산을 할퀴고 지나갔었다. 파고가 높을 것을 우려했지만, 다행히 날씨도 맑고 파도는 노여움을 풀었다. 대형선박은 잔잔하게 유행가를 불러주듯 시원한 물보라를 일으키며 유유히 앞으로 나아갔다. 하늘엔 하얀 뭉게구름이 여러 가지 무늬를 수놓으며 놀고, 선명하게 드러나는 수평선 저 너머에서는 여행의 즐거움이 빨리 오라고 손짓하는 것만 같았다.

훌륭한 자태를 뽐내는 '퀸메리호'가 남기고 지나가는 하얀 궤적을 바라보며, 그동안 쌓여 있던 내 안의 스트레스 찌꺼기를 바다에 던지고 기대에 부푼 마음으로 즐겼다. 4시간 40분의 장시간 항해였지만, 갑판에서 햇볕과 바람도 맞고, 객실에 들어가 안방처럼 나란히 누워서 도란도란 얘기도 나누고, 때로는 잠을 청하기도 하면서 어느새 제주항에 도착했다.

숙소에 들어가기 전에 먼저 항구에서 가까운 '용두암'에 들렀다. 제주 시내 북쪽 바닷가에 있는 용두암은 높이 10m가량의 바위다. 오랜 세월 파도와 바람에 씻겨 빚어진 모양이 용의 머리와 닮았다 하여 용두암이라 불린다.

옛날에 용이 한라산 신령의 옥구슬을 훔쳐 달아나자 신령이 화가 나서 활을 쏘아 용을 바닷가에 떨어뜨렸다. 용의 몸은 바닷물에 잠기고, 머리는 하늘로 향한 채 그대로 굳었다는 전설이 있다. 또한 용이 되어 하늘로 올라가는 것이 소원이던 한 마리의 백마가 장수의 손에 잡힌 후 그 자리에서 바위로 굳어졌다는 용두암의 전설이 전해 내려온다.

용이 되어 하늘로 올라가고 싶었던 슬픈 전설은 몸은 바닷속에 잠겨 있고, 신기하게도 하늘로 향하는 용의 머리를 닮은 바위가 되었다. 여고시절 수학여행에서 친구들과 용두암 바위에 올라 포즈를 취하며 즐거워했던 추억이 떠올랐으나 지금은 가까이 들어가지 못하게 멀찍이 경계선을 둘렀다. 꽤 높고 크게 느꼈던 바위가 위에서 내려다보니 작아 보였다. 파도가 출렁거리는 용두암해안도로의 검은 자갈길을 걸으며 소라, 전복 등 회를 파는 해녀도 만나고, 올레길 17코스 제주의 바다내음을 맘껏 즐길 수 있었다.

용두암에서 가까운 신비스러운 용연계곡으로 발길을 돌렸다. 민물과 바닷물이 만나 펼쳐지는 용연계곡의 병풍을 두른 듯 웅장한 기암절벽이 눈길을 사로잡았다. 용연구름다리에서 내려다보면 계곡의 물이 오묘한 오색 빛으로 빛나며 정자와 울창한 숲이 조화를 이루어 절경을 선사한다. 용연에 살고 있던 용이 승천하여 가뭄이 들어도 이곳만큼은 비를 내리게 하여 물이 마르지 않는다고 한다.

인터넷을 이용해 예약한 숙소는 우리의 기우를 말끔히 지워줄 만큼 아담하고 깨끗했다. 신제주시에 위치하여 1층은 미장원, 2층은 주인집, 3층이 우리 숙소였다. 생활에 필요한 가전제품이며, 생활용품이 넉넉하

용연계곡

게 구비되어 가성비 최고로 우리 모두를 만족시켰다. 내가 사진만 보고 숙소를 예약했기 때문에 미흡하여 친구들이 실망하면 어쩌나 하고 내심 걱정했었는데 다행이었다. 짐을 정리하고 잠깐의 휴식을 취한 후에 넉넉하게 가져온 반찬으로 저녁까지 마치니 드디어 제주에서 한 달 살기가 시작되었다.

전에 와서 우리를 반하게 했던 용눈이오름과 휴양림제도로 올라가지 못했던 아끈다랑쉬오름을 제일 먼저 탐방하기로 내일의 일정까지 정하고 나니, 오늘은 잘 정리된 호텔 수준의 깨끗한 침대에서 어젯밤 설친 잠을 만회하며 꿀잠을 잘 수 있으리라.

자연은 삶에 지친 사람들의 휴식처다
— 아끈다랑쉬오름, 비자림

　대한민국 최남단에 있는 제주도는 불과 물이 빚어낸 아름다운 화산섬이다. 천혜의 경관이 수려한 세계적인 휴양섬에서 아름다운 산하를 눈으로 즐기고, 산뜻한 공기를 마시며 여유롭게 걸어보기로 했다. 생활에 지친 몸과 마음을 재충전하고자 떠나온 제주에서 한 달간의 여행이 본격적으로 시작되었다.

　오전 9시에 숙소를 나와 '용눈이오름'으로 갔다. 제주를 여행하는 사람들에게 용눈이오름은 오름이란 생소한 말을 친근하게 다가오게 했다. 용은 아직 승천하지 못한 채 그 자리에 변함없이 누워 있었지만, 4년 전에 보고 느꼈던 환상적인 모습은 아니었다. 바람의 방향과 햇빛에 따라 오묘하게 채색하며 군락을 이루고 있던 그 많은 수크령과 동산에서 뛰노는 양들의 모습으로 하늘거리던 억새가 어디론가 사라져 버렸다. 초원을 누볐던 말들의 분비물만 여기저기 뒹굴고 있었다.

이전에 보았던 그 환상적인 모습을 보고 싶어서 제일 먼저 찾아왔는데 정말 아쉬웠다. 그래도 마치 용이 편안하게 누워 우리를 환영하듯 반기는 모습의 봉우리를 바라보며 기쁜 마음으로 오름에 올랐다. 부드러운 능선을 따라 정상에 올라 서늘하게 불어오는 바람을 맞으며 내려다보이는 풍경이 장관이었다. 저 멀리 우뚝 솟은 한라산과 굽이굽이 넘실대는 오름들, 운치를 뽐내는 풍차, 은빛 억새가 춤추는 넓은 초원 등 이국적인 풍경이 우리의 마음을 달래주었다.

용눈이오름에서 가까운 '아끈다랑쉬오름'으로 갔다. 아끈다랑쉬오름은 오름의 여왕이라 불리는 다랑쉬오름과 마주 보고 있다. 4년 전 다랑쉬오름 정상에서 내려다보았던 아끈다랑쉬오름의 모습이 지워지지 않아 언젠가는 꼭 오르고 싶었던 오름이었다. 그때 아끈다랑쉬오름의 정상에 눈을 이고 있는 듯 하얗게 핀 억새가 나의 마음을 유혹했지만, 출입 금지라 올라가지 못한 것이 못내 아쉬워 혹시나 하고 찾아간 것이다. 다행히 이번에는 올라갈 수 있었다.

아끈은 제주어 '작은'이란 뜻에 나타나듯이 아담한 동산이지만, 오름에 올라서니 넓고 얕은 굼부리와 둘레길에는 은빛 억새가 지천으로 피어 있었다. 바람이 부는 대로 흔들리며 우아하게 춤을 추는 억새와 울긋불긋 사람들이 어울려 천국의 동산에 온 듯 황홀했다. 아름다운 억새골짜기를 걸어가는 나그네들은 즐거운 비명을 지르며 사진 찍기에 한창이었다.

휴식년을 보내고 더욱 아름다운 모습으로 치장한 아끈다랑쉬오름이

용눈이오름에서의 조금 서운했던 마음을 싹 씻어주었다. 피로에 지친 용눈이오름도 몇 년 휴식을 취하게 해준다면 다시 아름다운 이전의 모습을 볼 수 있으리라.

구좌읍에 있는 '비자림'으로 가는 길가에는 삼나무가 하늘을 찌를 듯 곧게 뻗어 멋진 풍광을 선사했다. 천연기념물로 지정 보호하고 있는 비자림에는 500~800년생 회갈색 거목의 비자나무 2,800여 그루가 늘 푸른 잎을 반짝이면서 자생하고 있다. 잎이 바늘과 같은 모양으로 비非자를 닮아 비자榧子란 이름이 생겼다고 한다.

비자나무는 제주도와 남부지방 일부에서만 자라는 귀한 나무로 암수 나무가 따로 있다. 열매 속에는 땅콩처럼 생긴 단단한 씨앗이 들어 있는데 기름을 짜거나 구충제로 쓰였고, 나무는 재질이 좋아 고급가구나 최고급 바둑판을 만드는 데 사용되고 있다고 한다.

비자나무는 천년의 세월을 거치며 바위나 돌 틈의 열악한 환경 속에서도 뿌리를 내렸다. 덩굴식물이나 다른 나무들과 경쟁하면서 모진 세월을 이겨내고 자생하여 멋진 모습으로 군락을 이루었다. 생명력이란 얼마나 강인하고 존귀한 것인지 우리는 자연을 보며 배우기도 한다.

빽빽이 들어선 선명한 녹색의 비자나무 사이로 난 산책로에는 화산 분화로 생긴 붉은 화산송이가 깔려있다. 부드러운 산책길을 따라 걷다보니 머리가 맑아지고 저절로 건강해지는 것 같아 발걸음이 가벼웠다.

수령이 800살이 넘은 비자나무는 굵기가 거의 네 아름에 이르고, 키는 14m에 이르러 이 숲에서 가장 웅장한 나무로 '새천년나무'로 지정되었다. 어떤 나무는 얼마나 많은 세월을 버텨왔는지 몸통의 근육이 다

빠져나가듯 구멍이 뻥 뚫려있었다. 두 나무가 만나 서로 몸을 감고 돌아 하나가 되는 연리지의 사랑 앞에서 나는 언제 저렇게 하나가 되듯 열렬한 사랑을 했었던가, 경건해지기도 했다.

  숙소로 돌아가는 길에 해안도로를 따라 바다를 즐기며 천천히 달리다가 달빛이 머무는 마을 '월정(月停)리해변'을 만났다. 초승달 모양을 닮았다고 하는 월정리해변은 2.3km로 길게 뻗어있다. 입자가 고운 백사장, 비췻빛 바다와 저만치 풍차가 돌아가는 풍력단지를 배경으로 월정리해변에는 전망 좋은 카페들이 성업 중이었다. 해안에서는 젊은이들이 밀려오는 파도에 몸을 맡기며 서프보드 타기가 한창이었고, 우리는 풍경이 좋은 해변에 앉아서 구경하며 휴식하는 것만으로도 행복했고 재충전이 되었다.

오름의 유혹에 빠지다

― 금오름, 새별오름

낯선 곳을 여행하는 방법은 다양하다. 편리하게 여행사를 통한 단체 여행도 있지만, 자유롭게 여행하는 것이 진정한 여행의 묘미를 얻을 기회가 된다고 생각한다. 제주에서 일주일 이상 여행하려면 배에 차를 싣고 들어가는 것이 좋을 수도 있으나 제주에서는 렌터카가 육지보다 저렴하여 차를 빌려서 타고 돌아다니는 것도 편리하다.

제주를 편리하게 여행하는 방법은 차를 타고 주요 관광지를 도는 방법이 있지만, 제주의 아름다운 자연을 좀 더 느끼면서 즐기고 싶다면 제주올레길과 한라산둘레길을 따라 걷는 방법이 있다. 또한, 제주를 여러 번 다녀간 사람은 요즈음 관심을 받고 있는 제주의 오름을 찾아다니는 재미도 있다. 나의 이번 여행 목표도 될 수 있으면 많은 오름을 오르는 것이었다.

'오름'은 산의 방언으로 '오르다'에서 파생된 낱말이며 제주에서 통용되는 우리말이다. 오름은 주로 현무암 물질인 화산송이로 이루어졌으며, 높이는 대개 50m 내외로 낮지만, 500m 가까이 되는 오름도 있다. 제주도 한라산 기슭에 분포하는 소형 화산체로 한라산 정상의 백록담을 비롯하여 추자도를 제외한 제주도 전역에 분포하고 있다.

오름은 형성연대가 오래되지 않았고, 빗물의 투수율이 높아 원형이 잘 보존된 것이 특징이다. 오름 조건의 3요소에는 분화구가 있고, 화산 쇄설물로 되어 있으며, 경사가 있어야 한다. 화산 화구에는 보통 깔때기 모양의 분화구가 존재하지만, 아주 작은 것은 분화구가 없는 경우도 있다.

제주도에서의 삶을 이야기할 때 오름은 돌하르방과 함께 빼놓을 수 없는 대상으로 제주도의 상징이기도 하다. 제주도 사람들에게 오름은 민속신앙의 터로 신성시되어오기도 했다. 그래서 지금도 오름 곳곳에서는 마을 사람들이 제를 지내던 터와 당(堂)의 흔적을 쉽게 볼 수 있다. 또한, 오름은 제주도 사람들에게는 죽어서 돌아갈 영혼의 안식처와 같은 곳으로 오름 주변에는 무덤이 많다.

오름은 제주도 사람들의 생활근거지로 촌락의 모태가 되었다. 사람들은 오름 기슭에 터를 잡고 화전을 일구고, 밭농사를 지었으며 목축으로 생활했다. 제주 전통가옥의 초가지붕을 덮었던 띠와 새를 구할 수 있었던 곳도 오름이다.

오름은 몽골과 일본 등 외세의 침략 시 항쟁의 거점이 되었고, 봉수대가 설치되어 통신망 역할도 했다. 일본군이 태평양전쟁 막바지에 섬

안팎의 사람을 부려 모든 오름과 섬 각지에 갱도진지 굴을 파놓았는데 지금도 그 형태가 남아 있어 우리 민족사의 아픔을 말해주기도 한다.

  제주특별자치도에는 오름이 총 368개가 있는데, 한라산 산록인 중산간지역에 집중적으로 분포되어 있다. 오름의 외형적 특성을 보면 말굽형오름, 원추형오름, 원형오름, 복합형오름으로 나눌 수 있는데 분화구 안에 물이 차서 호수 등 습지 형태인 산정화구호山頂火口湖가 있는 오름도 있다.

  한림읍 금악리에 있는 '금오름'은 금악오름이라고도 불린다. 금오름 입구에 들어서면 급경사의 임도가 보이는데 우리는 왼쪽 숲길을 따라 걸으며 예쁜 들꽃도 구경하며 높이 427m의 오름에 올랐다. 나뭇잎 사이

물영아리오름의 산정화구호

로 반짝이는 햇빛에 알록달록 나뭇잎들이 더욱더 예쁘게 보였다. 숲길을 지나면 오르막길이 나오는데 오르막길의 힘들었던 것도 잠시, 정상에서 보이는 전망은 그야말로 탄성을 지르게 했다. 상쾌하게 불어오는 바람에 가슴까지 시원하게 트이고, 하늘거리는 억새와 그림 같은 풍광에 감탄사가 절로 나왔다.

분화구를 둘러싸고 있는 1km 정도의 탐방로를 따라 한 바퀴 돌면 2곳의 전망 포인트가 있다. 탑이 서 있는 곳에서 내려다보이는 전경은 분화구의 모습이다. 한라산의 백록담을 연상케 하는 금악담이란 작은 산정호수가 있고, 환상적으로 억새가 나부끼는 분화구로 내려갈 수도 있었다. 또 하나, 둘레길의 전망 포인트인 작은 건물이 있는 곳에서는 편안하게 의자에 앉아 시원하게 바람을 맞으며 아름다운 전망을 즐길 수 있었다.

오름에서 내려다보면 동쪽으로는 아일랜드 출신의 신부가 세운 성이시돌목장이 보인다. 그 뒤로는 열두 폭의 산수화같이 겹겹이 펼쳐지는 오름들과 희미하게 보이는 한라산 자락이 어서 오라고 유혹하는 듯했다. 서쪽으로는 저 멀리 협재 앞바다와 비양도도 눈에 들어왔다. 오름 주위에는 소들이 한가롭게 풀을 뜯고 있는 초원과 아름다운 밭담이 펼쳐지며 정겨운 풍경이 눈을 호강시켰다.

금오름을 뒤로하고 다시 새별오름으로 달렸다. 애월읍 봉성리에 있는 '새별오름'은 저녁 하늘에 샛별과 같이 외롭게 서 있다고 하여 붙여진 이름이다. 높이가 519m의 대형 왕릉 같은 동그란 모양의 전면에는 빼곡히 들어선 억새동산으로 유난히 빛나는 은빛 억새가 장관이었다.

금오름 분화구

제주의 오름군락

자연은 삶에 지친 사람들의 휴식처다

새별오름의 가을억새

　유명 관광지임을 상징하듯 넓은 주차장은 벌써 만원이었다. 수많은 인파가 억새와 어울려 축제장에 온 기분이었다. 억새를 배경으로 사진을 찍으면서 급경사인 서쪽 산등성이를 오르니 숨이 차 올라오고 몸에 땀이 베일쯤에 정상에 올라설 수 있었다. 정상에서는 서늘한 바람이 땀을 식혀주고, 맑은 공기가 조여 오는 숨통을 트이게 했다.

　춤추는 억새가 장관을 이루는 남봉을 정점으로 남서, 북서, 북동 방향으로 등성이가 보이고, 등성이마다 봉우리가 있다. 서쪽은 삼태기 모양으로 넓게 열려있고, 북쪽은 굼부리로 우묵하게 패여 나무도 자라고 있는 파릇한 초원이다. 서북쪽으로는 공동묘지가 보이고, 오름 정상에서 내려다보이는 동쪽으로는 골프장이 시원스레 펼쳐졌다. 정상에서 비교적 완만한 동쪽으로 내려오면서 억새 사잇길로 걸으니 바람에 휘날리며 석양에 물드는 금빛 억새와 우리는 하나가 되었다.

오름에 오르며 나무와 억새,
들꽃이 물결치는 초원을 걸어보자.

　오름 정상에 올라 눈앞에 펼쳐지는 풍광에 마음은 무장해제 당한다. 작은 산들이 바다 같이 넘실대는 오름군락을 바라보는 묘미는 어서 빨리 다른 오름을 오르고 싶은 마음을 진정할 수가 없다는 것이다. 그래서 제주 여행에서는 오름의 유혹에 빠지지 않을 수 없다.

오름정상에서의 풍광

오름을 향하여

— 백약이오름, 따라비오름

제주도의 그 많은 오름에는 오름마다 각각의 특색이 있다. 성산일출봉과 같은 일출이 멋진 오름이 있는가 하면, 아부오름과 같이 일몰 풍경이 아름다운 오름이 있다.

백약이오름

용눈이오름과 같이 일출과 일몰 둘 다 멋진 오름이 있다면, 새별오름은 눈부신 일몰과 일렁이는 은빛 억새로 유명하다. 다랑쉬오름과 따라비오름은 오름의 여왕이라 불리며 앙증맞은 각종 야생화가 많기로 유명하다.

오늘도 제주의 오름 탐방을 목적으로 숙소를 나섰다. 서귀포시 표선면 성읍리에 있는 백약이오름으로 향했다. 100가지 약초가 자란다고 해서 붙은 이름이 백약이오름이다. 제주의 가을은 어디를 가나 지천으로 널려 있는 게 억새지만, 그 많은 억새 명소 중 백약이오름으로 가는 길에는 드라이브하면서 환상적인 억새의 향연을 즐길 수 있는 금백조로가 있다.

금백조로는 성산읍 수산리와 표선면 성읍리를 잇는 약 10km의 도로
다. 도로 양쪽에 흐드러지게 피어있는 억새의 물결이 정말 장관이었다.
안개꽃 같은 메밀밭도 보이고, 커다란 풍차가 바람에 빙글빙글 돌아가
는 이국적인 풍경도 만날 수 있다.

'백약이오름'의 초입부터 넓은 초원이 펼쳐졌다. 천국의 계단을 오르
듯 한 계단 한 계단 층계를 따라 올라갔다. 오름에 올라가는 길 양쪽에
고사리가 지천이었다. 오름 아래 넓은 초원의 한쪽에서는 행복한 미소
의 예비 신랑, 신부가 야외결혼사진 찍기에 여념이 없었다. 경사진 길을
따라 오름 정상에 오르니 굼부리를 에워싼 널찍한 산책길이 펼쳐졌다.
안쪽으로 한눈에 내려다보이는 굼부리를 보면서, 밖으로 주위 전망을
감상하며 걷는 여유로움과 오름 위에 불어오는 이 달콤한 바람을 누군
가에게 보내주고 싶었다.

분화구의 등성이는 운동장처럼 넓게 펼쳐져 잔디가 곱게 깔려있고,
오름의 남서사면 기슭에는 삼나무로 조림된 숲이 둘러쳐져 있다. 북동
사면은 개량초지가 조성되어 여러 가지 약용식물이 자라고 있다. 노랑
쇠서나나물, 연보라 쑥부쟁이, 보라 엉겅퀴, 하얀 개발나물, 진보라 금강
초롱, 꽃분홍 이질풀 등 이름 모를 꽃들이 바람에 살랑거리며 우리를
반겨주었다.

오름 정상에서 보면 서쪽으로는 한라산이 보이고, 동쪽으로는 성산
일출봉과 우도의 경관이 한눈에 들어온다. 저 멀리 오름 아래로 펼쳐지
는 목장에서는 한가로이 풀을 뜯고 있는 소떼들이 보였다.

"아 저 맛있는 소들"

"그게 무슨 소리야, 소들이 사이좋게 풀을 뜯어 먹고 있는 모습이 정말 평화롭게 보인다. 라고 말해야지"

친구들이 말하자마자 옆에 있던 외국인이 "멋있다, 멋있다."를 연발하는데 우리 귀에는 '맛있다, 맛있다'로 들려 배꼽을 잡고 웃었다. 발아래 펼쳐지는 넓은 굼부리와 바람에 하늘하늘 춤추고 있는 억새, 넓고 푸른 초원과 오름 위에서 내려다보이는 목가적인 전경은 정말 고즈넉하고 평화로웠다. 여유를 가지고 천천히 감상하면서 때로는 쉬어가면서 여행하는 이 기분이 바로 행복이었다.

백약이오름에서 내려와 금백조로를 또다시 드라이브하면서 서귀포시 표선면 가시리에 위치한 따라비오름으로 향했다. 인터넷에서 따라비오름 근처의 맛집을 찾으니 '가시식당'이 나왔다. 마을 안에 있어서 오랫동안 이 고장 사람들이 많이 이용하는 소박한 식당 안은 오름을 오르거나 올레길을 걷는 관광객도 많이 보였다. 우리는 두루치기를 시켜서 먹었는데 야채를 많이 넣어 먹는 두루치기 맛이 입맛을 사로잡았다. 처음 먹어보는 몸국이 곁들여 나왔는데 너무 짜서 그런지 입에 맞지 않았다.

'따라비오름'은 가시리 사거리에서 꼬불꼬불 좁은 시멘트 농로로 약 3km 정도를 들어가야 만날 수 있다. 오름에 오르기 전 오름 주변에 펼쳐진 넓은 억새밭을 걷는 것도 참 기분 좋았다. 억새들판을 통과해서 경사진 오름길을 따라 걸으며 만나는 소박하고 예쁜 들꽃들이 환영했다. 해발고도가 342m, 오름의 높이는 107m로 잘 만들어진 나무계단과 산책로를 따라 걸어서 20여 분 오르니 정상에 오를 수 있었다.

따라비오름 정상에 올라 눈앞에 펼쳐진 풍광에 탄성이 절로 나왔다.

따라비오름의 겨울

 제주의 오름 368개 중에 오름의 여왕답게 굼부리가 여러 개였다. 우리 눈에 들어오는 것이 3개였지만, 주위에는 크고 작은 봉우리, 예쁜 등성이가 자연스럽게 하나로 연결되어 있었다.

 북동쪽으로 모지오름母子岳이 이웃해 있고, 북서쪽에는 큰사슴이오름과 족은사슴이오름이 있어서 마치 지아비, 지어미가 서로 따르는 모양에서 따라비오름이 연유됐다고 한다. 북쪽에는 자그마한 새끼오름이 있고, 남동쪽에는 설오름이 있으며, 남서쪽에는 번널오름과 병곳오름이 있다.

 오름에는 잔디와 억새가 사이좋게 노닐고, 남쪽 비탈에는 소나무와 삼나무가 촘촘하게 자라고 있었다. 오름과 또 다른 오름이 서로 이어지는 산책길을 오르고 내려가면서 분화구에도 내려가 보는 재미가 있었다. 포근하고 정겨운 주위 풍경은 우리의 마음을 무장해제 시키고, 황홀함에 그곳에 한없이 머무르고 싶었다.

오늘도 숙소로 돌아가는 길에 해안도로로 들어갔다 나오기를 반복하는 동안 해안도로를 빠져나가는 길을 잃어 헤매다가 정말 멋진 곳을 발견했다. 제주올레길 3코스의 절정인 신천목장이 자리 잡고 있는 바닷가 언덕의 한 아름다운 초원이었다.

너른 초원과 바다로 이어지는 낭떠러지, 쪽빛 바다와 검은 바위, 하얗게 부서지는 파도의 산뜻한 조화에 가슴 속까지 시원했다. 여기에서도 아름다운 예비 신랑·신부 두 쌍이 초원과 바닷가에서 행복한 웨딩촬영을 하고 있었다. 나중에 또다시 찾아오고 싶어 핸드폰에 현 위치를 찾아보고, 이곳을 잊지 않기 위해 주소를 메모장에 남겼다. 제주에는 한없이 머무르고 싶고 또다시 찾아오고 싶은 곳이 너무 많다.

신천목장 앞 바닷가

제주의 오름 중 가장 많은 민오름
― 봉개동, 오라동, 송당리, 선흘리, 수망리민오름

제주의 368개의 오름 중 나무가 없는 민둥산이어서 민오름이라는 똑같은 이름을 가진 오름이 다섯 군데가 있다. 봉개동민오름, 오라동민오름, 송당리민오름, 선흘리민오름, 수망리민오름이다.

제주도에서는 1930년대 산림녹화사업으로 다른 나무에 비해 성장 속도가 빠른 삼나무를 오름 등에 심었으며, 밭이나 감귤농장에도 방풍림으로 심었다. 이제 삼나무는 제주의 곳곳에서 하늘을 찌를 듯 그 위용을 자랑하고 있으며, 다섯 군데의 민오름에도 삼나무를 주축으로 모두 울창한 숲을 이루고 있어 민오름이라는 이름이 무색하다.

청명한 가을날 친구들과 같이 야생화의 절경을 감사할 수 있는 '봉개동민오름'을 올랐다. 절물휴양림 근처에 있는 사려니숲길 주차장에 차를 주차하고 오름의 좁은 입구를 통과하여 숲속으로 들어가니 민오름,

봉개동민오름 전망대에서

사려니숲길, 새우란 관찰로로 가는 이정표가 나왔다.

 오름을 오르는 방향으로 수많은 나무계단과 타이어매트로 이어진 비탈길을 힘들게 오르니 정상으로 올라가는 길 양옆으로 억새도 하늘거리고, 키 작은 나무들이 반갑게 맞이했다. 그리 넓지 않은 정상에 올라서서 내려다보니 숲이 울창하여 오름의 분화구는 보이지 않았다.

 오름 주위로 수많은 오름이 병풍처럼 펼쳐져 있었고, 끝이 보이지 않을 정도로 넓은 숲이 울긋불긋 단풍 들어 예뻤다. 정상에는 한화리조

오라동민오름 정상에서 본 한라산 자락

트로 내려가는 길과 절물자연휴양림으로 내려가는 이정표가 있다. 휴양림으로 내려가는 길에 길게 나무데크로 이어지는 새우란 관찰로는 절물휴양림 맞은편으로 이어졌다.

　제주 도심에 있어서 가장 쉽게 접할 수 있는 '오라동민오름'은 비고가 약 117미터로 경사가 그리 높지 않아 20여 분이면 정상에 오를 수 있다. 오름 입구 적당한 곳에 차를 주차하고 오르다 보면 화장실이 있고, 체육시설도 갖추어져 있어서 주민들의 산책로로 안성맞춤이다. 둘레길도 오름 아래와 오름 중턱을 넘나들 수 있게 정비가 잘 되어 있어서 정상을 오르기 전에 둘레길을 걷고, 주위의 야생화를 구경하며 산책하는 재미가 있었다.

　오름 정상의 전망대에서 내려다보이는 풍경은 동북쪽으로는 길게 뻗은 한라산 자락의 멋진 자태가 가까이에서 웅장한 모습으로 한눈에 들어왔다. 그리고 남서쪽으로는 제주 시내의 풍경과 그 뒤로 쪽빛 바다가 너울거렸다. 제주에서는 어디를 가나 한라산과 바다가 쉽게 눈에 들어오지만, 이 오름 가까이에서 보이는 한라산의 웅장한 모습은 굽이굽이 이어져 제일 장관이었다.

　'송당민오름'은 입구에서부터 양쪽에 도열하듯 쭉 늘어선 늘 푸른 삼나무길과 삼나무숲이 예뻤다. 삼나무 기둥에 이끼가 끼어 연녹색을 띠며 햇빛과 오묘하게 채색된 모습이 어느 영화에 나오는 원시림 같은 신비로운 기운이 돌았다. 딸과 함께 아름다운 풍경을 카메라에 담으며 곧게 뻗은 삼나무길을 한참을 걸어 들어가니 왼쪽으로 이승만 별장이었 디는 커빈사가 나왔다.

송당민오름 입구 귀빈사 팽나무

    귀빈사 입구에 서 있는 거목의 팽나무는 천년의 세월을 버티어온 듯 그 위용이 대단했다. 그러나 주인을 잃은 귀빈사의 문은 굳게 닫혀 있다. 우리는 귀빈사를 돌아 나와 좀 더 깊이 뻗어있는 예쁜 삼나무길을 따라 계속 걸었다. 길 왼쪽으로는 숲이고 오른쪽으로는 소떼들이 한가로이 풀을 뜯고 있는 푸른 목장이 보였다. 운치 있는 삼나무길 그늘에서 정담을 나누며 산책하는 기분이 정말 좋았다.
    한참을 걸어 들어갔으나 오름 입구는 찾지 못하고 삼나무길은 끝이

났다. 되돌아 나와 다시 귀빈사에 당도하니 귀빈사 마당에 있는 팽나무 옆으로 조그만 오솔길이 보였다. 이정표라도 눈에 띄게 해놓았으면 초행인 여행객에게 좋은 안내자가 되었을 텐데 아쉬웠다.

송당민오름을 오르는 길은 그리 길지 않았지만 약간의 경사가 있었다. 정상에 오르니 정비되지 않은 야생의 숲 같았다. 억새와 가시덤불을 헤치고, 오름 주위를 돌았으나 나무에 가려 어디에서도 오름 아래의 멋진 풍광을 내려다볼 수는 없었다.

오름 둘레에는 민오름이라 부르기 민망할 정도로 큰 나무들이 울창하게 자라고 있었다. 오름을 찾는 것은 오름을 오르는 재미도 있지만, 오름의 정상에 서서 주위의 아름다운 풍광을 보는 황홀함에 있다. 하지만, 송당민오름의 정상에서는 주위가 잘 보이지 않아 약간의 실망을 안겨주었다.

같이 머물던 아들이 일이 있어서 호기롭게도 나 혼자서 '선흘리민오름'을 찾아 나섰다. 내비게이션이 안내하는 대로 따라갔는데 길 양쪽에 비슷한 오름이 마주하고 있어서 어느 것이 민오름인지 냉큼 들어서지 못했다. 맞은편은 부대오름이었고, 감으로 찾아간 민오름은 다행히 틀리지 않았으나 입구를 찾기가 어려웠다. 무성한 삼나무길에서 한참을 헤매며 조금은 두렵고 불안해서 포기하고 싶었지만, 다시 뒤돌아 나와서 겨우 찾은 입구로 오름을 오르기 시작했다.

입구부터 빽빽한 원시림 같은 삼나무 사이로 조금 오르다가 퇴근하는 오름지킴이를 만났다. 4시가 조금 안 되었지만, 지킴이 아저씨는 혼자서 왜 이렇게 늦게 왔느냐며 걱정했다. 다행히 마음씨 좋은 아저씨는 밑에 주차해 놓은 차 안에서 기다려줄 것이니 빨리 올라갔다 오라고 했다. 시간과 마음의 여유가 있었다면 정말 멋있고 예쁜 삼나무 숲이었 겠지만, 왠지 어둡고 음산한 삼나무숲의 꽤 가파른 오름길을 심장박동 이 요동치도록 빨리 올라갔다.

 산불감시 초소가 있는 정상에서는 탁 트인 전망이 보이고, 저 멀리 오름 군락이 펼쳐졌다. 나 하나를 위해 밑에서 기다리는 지킴이를 생각 하며 분화구의 둘레길 산책은 나중을 기약했다. 가파른 내리막길의 안 전줄을 부여잡고 다람쥐처럼 재빨리 내려왔다. 지킴이는 빨리 내려왔다 며 오름에 대해 부연 설명을 해주셨다.

 원래 민오름 입구가 다른 방향에 있으나 사람들이 잘 못 찾는 경우가 많다고 했다. 번영로 도깨비공원이 지나는 우측으로 들어서야 자동차 가 오름 입구까지 들어올 수 있었는데 나의 길잡이는 번영로를 더 달려

눈 덮힌 한라산

선화교차로에서 우회전으로 알려주었던 것이었다. 운이 좋게도 친절한 오름지킴이 아저씨 덕분에 안심하고 혼자서 오름을 오를 수 있었다.

아들과 동행한 '수망리민오름'은 어렵지 않게 찾아갈 수 있었다. 제주말의 본향인 옷귀마테마타운을 지나 시멘트도로를 따라 들어가니 주차장이 있었고, 바로 오름 입구를 발견했다. 오르는 길도 그리 가파르지 않았고, 삼나무와 편백이 사이좋게 숲을 이루고 있었다.

정상 전망대에 올라서니 바람이 사람을 날려버릴 듯 거세게 불었다. 전망대에서 바라본 한라산은 정상에 하얀 눈을 이고 멋진 자태를 자랑하며 우뚝 서 있었다. 바람이 너무 거세어서 오름 둘레길을 돌지 못하고, 우리가 올라온 숲 안쪽으로 다시 내려왔다.

주차장에서 우리가 온 반대편으로 차를 몰았다. 한라산둘레길이 목장으로 이어지고, 피톤치드 날리는 편백숲을 만나고, 비자나무 조림지도 만났다. 우리가 달리는 길은 '에코힐링마로'로 말이 달리는 길인 것 같았다. 마로의 전망대에서 바라본 풍광은 사방이 녹색 숲으로 덮인 그야말로 환상적인 치유의 숲이었다. 자연 앞에서는 그저 바라만 보아도 몸과 마음이 치유된다.

제주에는 수많은 오름이 있어서 어느 오름에 오르다 보면 종종 입구를 찾지 못해 헤매게 된다. 또한 사유지인 농장 안에 있는 어떤 오름은 문을 걸어 잠그고 통제하기도 하여 애써 찾아가도 아쉽게 헛걸음을 치기도 한다. 그리 알려지지 않은 오름도 제주올레길이나 한라산둘레길을 표시하듯이 잘 정비해서 안내해준다면 오름을 찾는 탐방객들이 헤매지 않고 오름을 즐길 수 있으리라.

소인국 미니랜드와 산굼부리 억새의 군무

― 미니랜드, 산굼부리, 스위스마을

제주시 조천읍 교래리에 있는 '미니랜드'는 세계미니어처박물관이다. 세계 문화유산의 나라, 세계 위인의 나라, 환상과 동화의 나라, 공룡의 나라, 체험의 나라 등 여러 가지 이색테마로 이루어져 있다. 세계를 직접 여행하지 않고도 한 곳에서 볼 수 있도록 세계의 유명건축물과 문화유산을 축소해서 정교하게 잘 만들어 놓았다. 아이부터 어른까지 모두 보고 즐길 수 있도록 조성되어 있다.

미니랜드 입구에는 거대한 걸리버와 걸리버 주위에 아주 작은 모형의 사람들을 전시해 놓아 마치 소인국에 온 걸 환영하는 듯했다. 미니랜드의 1만 5천 평 야외전시장에는 미국의 국회의사당, 파리의 에펠탑, 중국의 자금성 등 70여 점의 세계 유명 관광지의 문화유산이 전시되어 있어 해외 여행하는 기분으로 둘러보았다. 트레비분수 앞에서는 20년 전

미니랜드 걸리버동산

    서유럽을 여행할 때 분수에 던져 보았던 동전이 생각나서 향수를 느끼기도 했다. 진실의 입 앞에서도 영화 '로마의 휴일'에서처럼 손을 넣어보는 추억을 재현하며 즐거워했다.
    아이들이 좋아하는 공룡나라도 있고, 배트맨, 텔레토비 등 50여 점의 캐릭터 조형물, 세계 위인상 등을 전시하고 있다. 한 친구가 캐릭터 포토존에서 백설공주의 몸에 친구의 얼굴만 내민 사진을 찍었다. 백설공주를 좋아하는 5세의 외손녀에게 보여주라며 딸에게 사진을 전송했더니 사진을 본 외손녀가

"백설공주가 왜 이렇게 늙었어?"

라고 말했다고 하여 우리는 한바탕 웃음을 터트렸다. 칠레 모아이석상, 이라크 이슈타르문, 캄보디아의 앙코르와트 등 아직 가보지 못했던 세계의 여러 문화유산을 천천히 산책하며 살펴보는 재미가 쏠쏠했다.

교래리에는 유명 관광지가 많아서인지 토종닭, 생선조림, 손칼국수 등 음식점도 많았다. 우리는 관광객보다는 그 고장 사람들이 주로 이용하는 식당인 '삼보가든'으로 가서 소박한 한정식으로 점심을 먹었다. 값이 싸고 맛도 그런대로 좋았다.

점심 후 가까운 '산굼부리'를 찾아갔다. 산에 생긴 구멍이란 뜻을 지닌 '산굼부리'는 우리나라에서 하나밖에 없는 마르형 분화구다. 용암분출로 생성된 일반적인 화산분화구와는 다르다. 마르(maar)형 분화구는 용암이나 화산재의 분출 없이 지하 깊은 땅속의 가스 또는 증기가 지각의 틈을 따라 한군데로 모여서 한 번에 폭발하며 생성된 분화구를 말한다. 지표면보다 낮게 형성된 화산체로 산체의 크기에 비해 매우 큰 화구가 특징이다.

산굼부리 입구에 들어서면 억새와 갈대의 차이를 설명하는 표지판이 보인다. 억새와 갈대는 둘 다 볏과에 속하지만, 억새는 물기가 없는 강둑, 구릉지, 산 등에서 주로 서식하고, 갈대는 물기가 있는 습지 주변에서 주로 서식한다. 억새는 가늘고 작으나 갈대는 굵고 크기가 3m가 넘

산굼부리 구상나무길

는다. 억새는 처음에 갈색을 띤 누런색에서 점차 은백색으로 밝게 변하지만, 갈대는 자줏빛과 갈색, 금빛이 어우러진 진한 색이다. 억새는 갈대와 달리 줄기 속이 꽉 차 있어서 말이나 소의 사료로 쓰인다.

  수많은 억새로 장관을 이루는 산굼부리는 억새길, 구상나무길, 제주 돌길로 나누어져 있다. 친구들과 정담을 나누며 제주 돌길을 걷고, 억새밭 사이로 난 산책로를 걸었다. 때마침 알맞게 바람이 불어오자 출렁거리며 물결치는 은빛 억새의 군무가 환상적인 장면을 연출했다. 멋있는 풍경에 우리만 보기가 아까워 억새의 군무와 바람 소리를 비디오에 담아 그곳의 분위기를 지인들에게 보내주었다. 지인들은 너무 멋지다며 바로 그곳으로 달려가고 싶다는 답장을 보내주었다. 억새와 어우러져 멋진 풍경을 선사하는 구상나무길도 산책하기에 좋았다.

전망대에서 바라본 분화구의 모습은 다른 분화구와는 달리 낮은 평지에 둘레가 2km가 넘는 커다란 분화구가 형성되어 있다. 한국에는 하나밖에 없고, 세계적으로 아주 희귀한 마르형분화구로 한라산 백록담과는 달리 아무리 비가 많이 와도 물이 차지 않는다고 한다. 화구에 내린 빗물은 화구벽의 현무암 자갈층을 통과하여 용천수로 바다에 흘러간다. 분화구 안에는 원시 상태의 식물군락이 완벽하게 보존되어 천연기념물로 지정되었다.

'용천수'는 땅에서 솟아나는 물이다. 용출하는 지역에 따라 크게 해안지역용천수, 중산간지역용천수, 산간지역용천수로 구분할 수 있다. 제주도는 용암길이 끝나는 바닷가 근처에서 용천수가 분출했기 때문에 사람들은 물을 찾아 해안가에 마을을 이루고 살았다. 관광개발이 되면서 물이 막히고, 사람들도 많아지면서 용천수로는 물이 부족하게 되어 1970년부터 물을 찾기 시작했다.

강수량 대비 용천수 양을 비교해보았더니 20%만이 용천수로 되고, 30%는 증발했으며 45% 정도가 제주도 전체 땅속에 내려가 지하 암반수로 저장되고 있다. 지하 관정을 사용하여 이 암반수를 찾아 끌어 쓰게 되면서 중산간지역에도 사람들이 모여들어 마을이 형성되고 관광지도 되었다.

물이 해결되자 물을 팔기 시작한 것이 제주도의 삼다수다. 삼다수는 지하 420m의 화산암반수를 최소한의 여과 과정으로 자연 그대로의

산굼부리 제주돌길

건강한 물을 생산한다. 오염을 막기 위해 직접 생산한 페트병을 사용하여 생수 중에서도 비교적 비싼 가격에 팔린다. 그러나 제주에서는 삼다수의 가격이 육지보다 훨씬 저렴했다. 그 삼다수공장이 조천읍 교래리에 있다.

  숙소로 돌아오는 길에 조천읍 함와로에 있는 '스위스마을'에 들렀다. 입구에 들어서자 언덕길 양옆으로 울긋불긋 예쁜 건물들이 우리를 반겨주었다. 스위스의 세계적인 화가 '파울 클레'의 그림 '컨츄리하우스'에서 영감을 얻어 스위스와 제주의 색상 이미지(국기, 갈대, 감귤, 치즈)를

산굼부리 억새길

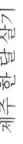

스위스마을

연상케 하는 색을 사용했다. 빨강, 주황, 노랑, 파란색이 알록달록 아기자기하게 뽐내고 있었다.

  주로 1층은 편의점, 커피숍, 옷가게, 먹거리 등의 다양한 상점이고, 2, 3층은 게스트하우스다. 예쁜 가게에 들러 아이스크림과 프랑스식 팬케이크인 크레프를 먹으며 분위기를 즐겼다. 길 양옆 그림 같은 건물을 배경으로 사진 찍기에 안성맞춤이었고, 주차장 담벼락에 그려져 있는 예쁜 벽화 또한, 카메라에 담기에 정말 예뻤다. 벽화 앞에서 찍은 사진 속 인물이 더욱 돋보였다.

  숙소로 가는 길에 만난 해안도로에서 코발트블루빛 바다는 노곤한 우리에게 자장가를 불러주었다. 둥그런 해가 우리 앞에서 시야를 가리며 마중 오더니 아름다운 바다의 유혹에 그만 바닷속으로 풍덩 빠지며 수줍은 미소로 붉그레한 노을을 선사했다.

바다가 만들어낸 조각품
— 용머리해안, 산방산, 수월봉

'용머리해안'은 수천만 년 동안 쌓이고 쌓인 사암층을 모진 파도가 때리고 깎아서 만들어낸 해안절경이다. 기둥처럼 서 있는 주상절리와 다르게 여러 개의 층을 수평으로 쌓아놓은 듯이 누워 있어서 수평절리라고 한다.

산방산에서 뻗어 나온 줄기가 바다로 향해 용머리처럼 고개를 들고 있는 모습으로 보여 이름 붙여진 용머리해안은 산방산 남쪽 해안에 작은 돌기처럼 돌출해 있다. 해안으로 들어가는 입구에는 하멜기념비와 하멜상선전시관이 있다.

파도가 하얗게 부서지는 바닷가 바로 옆으로 길이 나 있어 용머리해안의 절경인 수평절리를 감상하며 산책했다. 낚시하는 사람들도 있었는데 제법 큰 고기들이 낚시꾼들의 바구니에 들어가 앞으로 다가올 자기의 운명을 모른 채 바구니 안에서 노닐고 있었다. 용머리해안 산책은 밀물이나 날씨가 좋지 않을 때는 해안 이동로에 물이 차서 들어갈 수가 없으니 미리 확인하고 출발해야 한다.

'용머리해안은 화구분출과 화쇄난류가 만들어낸 화산체인 응회환으로 산방산보다 먼저 생겨났다. 얕은 바다에서 화산폭발이 있었고, 땅이 약하다 보니 화구가 이동하며 세 차례에 걸쳐 폭발한 지형이다. 화산폭발로 땅속에 있던 마그마가 흘러나와 차가운 바다로 들어가는 모양대로 용암이 식으면서 기둥 모양의 암석이 모여 산방산이 형성되었다. 이후 공기와 물 등에 의해 부서져 기둥 사이에 틈이 생겼고, 이 기둥의 단면은 다각형이다. 반면 용머리해안은 퇴적물이 쌓여 만들어지면서 수평으로 누웠다. 작은 방처럼 움푹 들어간 굴이나 드넓은 암벽의 침식지대가 펼쳐져 장관을 이루고 있다. 이 구멍 안으로 파도에 쓸려온 자갈과 모래가 파도와 같이 돌고 돌아나가면서 암석을 깎아내어 자연적으로 만들어졌는데 이 굴을 마린포트홀 또는 돌기구멍이라 부르기도 한다. 해변은 모래가 굳어져서 만들어진 돌 같은 까만 모래밭이 펼쳐져 있다.'

'산방산'은 용머리해안, 수월봉과 더불어 제주에서 가장 오래된 지형 중 하나로서 흥미 있는 전설이 전해지고 있다. 옛날 사슴 사냥꾼이 화살을 쏘았는데 하필이면 옥황상제의 엉덩이를 맞췄다. 화가 난 옥황상제가 흰라신 봉우리를 뽑아서 던졌는데 그게 산방산이 되었다고 한다.

용머리해안

또 제주의 어머니라고 불리는 설문대할망이 빨래하다가 빨랫방망이를 잘못 휘둘러 한라산 봉우리가 날아가 바다에 떨어져서 산방산이 되었다는 전설도 있다. 실제로 산방산 둘레와 한라산의 백록담 둘레에서 자라는 식물이 비슷하다고 한다.

산방산

  용머리해안에서 송악산 쪽으로는 '산방산·용머리해안트레일 A코스' 해안구간이 있으며, 제주올레길 10코스에 포함된다. 바다에는 '형제섬'이 보이는데 길고 큰 섬은 본섬, 작은 섬은 옷섬이라 부른다. 이 또한 화산재가 쌓여 태어난 섬인데 크고 작은 섬 2개가 형과 아우처럼 마주 보고 있다고 하여 붙여진 이름이다. 물때에 따라 섬이 3개에서 8개까지 다르게 보이기도 한다고 한다.

  형제섬의 탄생에도 전설이 있다. 서귀포시 안덕면 사계리에 효심 깊은 형제가 살고 있었다. 해녀였던 어머니가 매일 물질을 하러 나가면 형제는 갯바위에 앉아 어머니의 모습을 지켜보곤 했다. 그러던 어느 날 바다에 큰 파도가 일어 물질을 하던 어머니를 삼켰다. 형제는 어머니가 살아 돌아오길 기다리며 시게 앞바다를 떠나지 않았는데 육신은 남고

수월봉

영혼은 바다로 어머니를 찾아 떠났다. 그 뒤 육신은 바위가 되었고, 영혼은 아직도 바닷속을 헤매고 있다고 전해진다.

   아름다운 낙조를 보고 싶다면 제주의 가장 서쪽 끝머리에 있는 '수월봉'에 가볼 일이다. 정상까지 차량으로 진입할 수도 있다. 수월봉에 올라가기 전에 주변에 있는 해안도로나 지질트레일코스를 걸어보는 것도 정말 좋다. 해안을 끼고 이어지는 산책길에서는 이국적인 풍력발전단지가 펼쳐지고, 제주에서 가장 아름다운 섬인 차귀도가 내려다보인다.

수월봉은 해안에 돌출해 있는 높이 약 77m의 봉우리다. 깎아지른 듯한 기암절벽은 화석층이 뚜렷하여 웅장하고 아름다워 자연의 신비로움을 느끼게 했다. 이 신기한 절벽을 '엉알'이라고 부르며 벼랑 곳곳에서는 용천수가 솟아올라 '녹고물'이라는 약수터가 유명하다.

옛날에 수월이와 녹고라는 남매가 홀어머니의 병구완을 위해 수월봉에 오갈피라는 약초를 캐러 갔다가 누이인 수월이가 절벽에서 떨어져 죽었다. 이에 녹고는 슬픔을 못 이겨 17일 동안 울었다고 한다. 이 녹고의 눈물이 곧 녹고물이라고 전하며 수월봉을 녹고물오름이라고도 한다.

수월봉 정상에 있는 정자는 옛날 기우제를 지내던 곳이다. 수월정에 앉아 볼 수 있는 일몰은 제주 어느 곳에서 보는 것보다 가장 아름답다. 따스하게 내리쬐던 태양은 넓은 수평선을 빨갛게 물들이면서 황홀한 장면을 연출하다 순간 바닷속으로 풍덩 빠지며 어스름한 땅거미를 몰고 왔다.

수월봉 엉알해안

식물나라 한림공원을 산책하며

'한림공원'에서는 연중 축제가 열린다. 시원한 바람 일렁이며 억새가 만발하는 요즈음 같은 10월에는 여리여리한 연분홍 억새 핑크뮬리가 공원을 핑크빛으로 물들이고, 가을바람에 산발한 연분홍 머릿결을 휘날리며 관광객을 유혹한다.

1월의 수선화정원에는 혹한의 겨울을 견디고 수줍게 피어난 오십만 송이에 달하는 금잔옥대수선화와 제주수선화가 생명의 약동을 알린다. 2월에는 매서운 겨울바람을 이겨내고 버드나무 늘어지는 90년생 능수백매화와 능수홍매화가 장관을 이루며 단아한 자태를 뽐낸다. 봄바람이 불어오는 3월의 왕벚꽃동산에서는 수백 그루의 왕벚나무가 화려하게 피어나 하늘을 수놓으며 왕벚꽃축제가 열린다.

4월에는 산야초원 내 튤립정원에서 알록달록 튤립축제가 한창이다. 5월에는 남미 브라질이 원산지인 부겐빌레아가 분홍, 빨강, 주황, 노랑,

보라, 하양 등 화사한 색상을 뽐내며 관람객들의 눈길을 사로잡는다. 또한, 봄을 맞아 새우란, 꽃양귀비, 매발톱꽃, 천남성, 둥굴레 등 수십 종의 야생화가 여기저기에 꽃을 피워내고, 350여 종의 식물과 300여 점의 산야초가 상춘객을 부른다. 6월에는 가지마다 풍성하게 맺힌 1,000여 본의 수국과 산수국이 파스텔톤의 조화로 시원하게 만발하여 초여름 더위를 식혀준다.

무더운 7~8월에는 홍련, 백련을 비롯하여 열대수련, 빅토리아수련, 파피루스, 워터칸나, 물양귀비 등 희귀한 100여 종의 연꽃과 수생식물들이 연못에서 시원하게 축제를 연다. 무더운 더위도 한풀 꺾이고 아침, 저녁으로 선선한 바람이 느껴지는 9월, 진홍빛 꽃무릇이 화려한 꽃망울을 터트려 산야초원과 곰솔광장을 붉은빛으로 물들인다.

10월에는 각종 야생화가 공원을 정겹게 만들고, 가을의 막바지인 11월에는 형형색색 국화로 만든 대형 국화탑을 비롯하여 아름다운 국화꽃을 감상할 수 있는 국화축제가 열린다. 추운 겨울 12월에는 애기동백과 빨간 동백, 순백의 흰꽃겹애기동백이 제주전통초가와 함께 어우러져 아름다운 겨울정취를 선사한다.

한림공원은 한라산의 서쪽 한림읍에 위치한 비경지대이다. 1971년 초 창업자인 송봉규가 한림읍 협재리 바닷가 황무지 모래밭에 수천 트럭의 흙을 옮겨와 객토 작업을 하여 10만여 평의 대지에 야자수와 관상수를 심어 농원인 재릉원을 만들었다. 1981년 재릉원에 매몰되었던 협재굴의 출구를 뚫고 쌍용굴을 발굴하여 두 동굴을 연결하였고, 그 이듬해 한림공원을 조성했다 아열대식물원, 야자수길, 산야초원, 동굴

한림공원 아열대식물원

(협재굴, 쌍용굴), 제주석·분재원, 트로피칼둘레길투어, 재암민속마을, 사파리조류원, 재암수석관, 연못정원 등 여러 가지 테마로 조성되어 있어 즐길 거리가 풍부했다.

한림공원 입구에서 오른쪽으로 들어가면 아열대식물원이 있다. 수십 년 된 우람한 야자수가 하늘을 찌를 듯이 유난히 높은 키를 자랑하며 이국적인 풍경을 연출했다. 다양하게 펼쳐지는 선인장정원, 잎이 무성한 관엽식물원, 바나나, 파인애플 등의 열대과수원, 은은한 향이 가득한 허브가든, 일생에 한 번 꽃을 피운다는 용설란정원이 펼쳐진다. 또한 열대지방에 서식하는 커다란 뱀과 희귀한 도마뱀, 거북이 등 다양한 파충류도 볼 수 있었다.

아열대식물원을 나와서 화살표 방향을 따라 산책하다 보니 야자수와 선인장으로 조성된 야자수 길이 남국의 정취를 물씬 풍기고 있다. 곰솔광장에서는 늠름한 해송이 이곳이 바닷가 모래밭이었음을 알려주듯 씩씩하게 버티고 있다. 산책길에는 형형색색 단풍나무와 다양한 표정을 짓고 있는 제주 돌하르방이 우리를 산야초원으로 안내했다.

제주도의 산과 들에 자생하는 꽃과 식물이 전시된 산야초원에는 아름다운 야생화와 제주특산식물, 그리고 생태연못이 어우러져 편안한 마음으로 호젓한 오솔길을 걷는 재미를 주었다. 사계절 아름다운 꽃들로 장식되는 플라워가든에서는 갖가지 꽃들이 재롱잔치를 벌이고 있어서 같이 사진도 찍고, 향긋한 냄새도 맡아가며 산책하는 즐거움을 선사했다.

한림공원 안에는 화산이 폭발하면서 용암이 흘러내려 형성된 용암동굴인 협재동굴과 쌍용동굴이 있다. 동굴은 규모가 크지는 않았지만, 석회동굴에서만 볼 수 있는 석순과 종유석들이 자라고 있어 학술 가치를 인정받아 천연기념물로 지정, 보호받고 있다.

신기한 수석과 멋진 분재가 발걸음을 멈추게 하는 석·분재원에는 남미 아마존강에서 채취한 대형 기암괴석과 희귀한 자연석이 눈을 호강시키고, 수령이 적게는 10년에서부터 많게는 300년에 이르는 다양한 크고 작은 분재작품들이 훌륭한 자태와 독특한 멋을 뽐내며 탄성을 자아내게 했다.

재암민속마을은 제주전통초가의 보존을 위해서 제주도 중산간지역에 있던 실제 초가를 원형 그대로 이설하여 복원했다고 한다. 옛 제주인들이 사용하던 민구류를 함께 전시함으로써 제주의 옛 모습을 재현해내고 있다. 우리는 민속마을에서 운영하는 음식점에서 허기진 배를 채우고, 오래 걸어서 피로에 지친 다리를 잠시 쉬게 했다.

다양한 조류가 그들만의 멋진 자태를 자랑하는 사파리조류원에는 순백의 공작새와 오색찬란한 공작새, 아름다운 앵무새와 멋진 꿩 등이 사이좋게 노닐고 있었다. 지구상에서 가장 덩치가 크고, 공룡과 초식동물의 특징이 섞여 있는 타조가 큰 날개를 퍼덕이며 우리를 위협할 때는 살짝 겁이 나기도 했다.

마지막으로 들른 연못정원에는 여러 가지 멋진 식물과 억새와 갈대가 어우러져 있었다. 천연용암 암반 위에 자연의 지형을 최대한 살려 만든 연못에는 시원한 폭포수가 쏟아지고, 연꽃과 수련 등 다양한 수생식물이 자라고 있었다.

한림공원 석분재원

　한림공원은 넓게 잘 조성되어 있어서 볼거리가 많았다. 걷기 좋은 산책로 주변은 남국의 야자수, 사철 푸른 소나무, 빛 고운 단풍나무, 하늘하늘 야생화, 아름다운 꽃들이 지루함을 느끼지 못하게끔 다양하게 펼쳐졌다. 진귀한 분재와 신기한 수석들을 감상하며 벌어진 입이 다물어지지 않도록 감동을 주기도 했다.
　쉬엄쉬엄 하루를 산책하며 즐겨도 좋은 한림공원 주변에는 제주에서도 아름답기로 소문난 협재해수욕장이 있다. 해수욕장 근처의 전망 좋은 카페에 앉아 물빛 좋은 바다와 하얀 모래사장, 가까이 보이는 아름다운 섬인 비양도를 감상하며 이야기꽃을 피우는 재미는 한림공원에서 너무 오래 걸어 지친 심신의 피로를 풀기에 안성맞춤이었다.

신비의 곶자왈 에코랜드
대한민국에서 가장 키 작은 섬 가파도
치유의 숲 절물자연휴양림
차로 올라가 보는 한라산 1,100고지
제주의 서쪽 해안도로 드라이브
제주의 동쪽 해안도로 드라이브
추자도의 숨겨진 비경 나바론하늘길
제주 여행의 훈장 발목 골절

제 3 부

제주 한 달 살기(2)
― 추자도의 숨겨진 비경 나바론하늘길

신비의 곶자왈 에코랜드

제주도 여행에서의 볼거리 중 하나는 '에코랜드'를 빼놓을 수 없다. 에코랜드는 볼드윈기차를 타고 각각 특징이 다른 네 곳의 역에 내려 자연이 주는 혜택을 누리며 즐길 수 있다. 30만 평의 한라산 원시림을 여행하며 신비의 숲 '곶자왈 생태계'를 탐방하는 자연 친화적인 테마파크다.

오늘도 여느 때와 같이 각자의 배낭에 약간의 간식거리와 물을 넣고 9시에 숙소를 나섰다. 드넓은 대지에 볼거리, 즐길 거리가 많은 오늘의 여행지 에코랜드에서 온종일을 지내려고 가는 길에 김밥집에 들러 김밥을 샀다.

제주의 자연을 상징하는 에코랜드의 기차들은 총 8대가 운영된다. 붉은색의 화산송이를 상징하는 레드샌드, 아름다운 꽃을 상징하는 옐로우플라워, 제주 곶자왈의 품을 상징하는 그린포레스트, 푸른 호수를 상징하는 블루레이크, 검은 돌을 상징하는 블랙스톤, 꿈과 희망을 상징

에코랜드의 볼드윈기차

하는 퍼플드림, 푸른 하늘을 상징하는 블루스카이, 제주 감귤을 상징하는 오렌지가 있다.

　에코랜드 '메인역'은 기차의 출발역이자 종착역이다. 매표소와 대합실, 스넥바, 레스토랑, 기념품가게, 중앙분수대광장 등 다양한 시설이 들어서 있다. 매표소에서 입장권을 사서 들어가면 메인역이 나온다. 기차는 7~12분 간격으로 계속해서 운행하며 정거장마다 쉬기 때문에 정거장에서 내려 마음껏 걷고 즐기다가 또 기차를 타면 다음 정거장까지 갈 수 있다. 남녀노소 다 같이 즐길 수 있는 장소로 가족끼리 와도 충분히 누릴 수 있는 여러 테마의 자연환경이 펼쳐진다.

　메인역에서 기차를 타고 주변의 나무와 꽃, 분수를 감상하며 가다가 첫 번째 정거장인 '에코브리지역'에서 내렸다. 에코브리지역은 2만여 평 규모의 큰 호수가 있고, 호수 주위에 300m의 긴 수상데크가 설치되어 있다. 마치 물 위를 걷는 기분으로 호수에 떠 있는 섬들과 이국적인 주변의 경관을 감상하며 다음 역인 '레이크사이드역'까지 산책했다. 기차 시간에 제약받지 않고 마음껏 휴식도 취할 수 있고, 각자의 템포로 여유를 즐길 수 있어서 좋았다.

　레이크사이드역에서는 예전에 말을 길렀던 초지로, 당초의 지형을 그대로 이용하여 만든 호수를 감상할 수 있다. 이국적인 풍경의 풍차와 모래가 있고, 탐험선이 있는 디스커버리존이 있다. 사람들은 탐험선 안에서 영화 타이타닉을 흉내 내며 사진을 찍기도 했다.

　제주의 상징인 돌, 바람, 여자를 아름다운 꽃에 비유하여 제주를 표현한 삼다정원과 예쁜 포토존이 곳곳에 만들어진 동백나무숲 등 다양한 볼거리가 있다. 물 위에서 즐기는 짜릿한 범버보트가 있고, 넓은 호수 위에서 로맨틱한 수상산책을 즐길 수 있는 낭만 가득한 페달카약 등 수상레저체험도 할 수 있다. 2년 전 가족과 함께 왔을 때 2인승 범퍼보트 4대를 빌려 타고 서로 부딪치며 즐거워했던 기억이 떠올랐지만, 젊은이가 없는 이번에는 구경하는 것으로 만족했다.

　다시 기차를 타고 다음 세 번째 정거장인 '피크닉가든역'에서 내렸다. 피크닉언덕을 따라 올라가면 동화 속 요정의 집인 글라스하우스와 어린이들의 포토존인 키즈타운을 만날 수 있고, 드넓게 펼쳐진 금잔디 광장이 나온다. 이곳에서 뛰노는 아이들의 즐거워하는 표정에 어른들의 얼굴도 덩달아 밝게 빛났다. 우리는 잔디광장에 앉아 소풍김밥으로 점심을 때우고, 선베드에 누워 휴식을 즐겼다.

이 역에는 곶자왈 숲길인 '에코로드'가 있다. 곶(숲)+자왈(암석과 덤불)은 제주도 방언이다. 화산이 분출할 때 점성이 높은 용암이 크고 작은 바윗덩어리로 쪼개져 요철 지형이 만들어지면서 형성된 제주도만의 독특한 숲을 곶자왈이라 일컫는다.

곶자왈 생성과정은 제주도의 화산활동으로 제주 중산간오름에서 유속이 느린 용암이 흘러내려 점성이 큰 용암이 식으면서 쪼개져 크고 작은 바위가 되었다. 바위틈 사이로 물이 새어들어 지하수가 모이고, 시간이 흐르면서 땅속에서 나오는 습기가 곶자왈의 생태를 만들고 바위에 숲이 형성되었다.

곶자왈의 특징은 크고 작은 바윗덩어리로 이루어진 지형으로 식물이 살아가기에는 매우 척박하다. 곶자왈의 나무들을 보면 나무뿌리가 물과 양분을 찾느라 바위틈이나 암석 위에 노출되어 뻗어있는걸 볼 수 있다. 곶자왈에서 이끼는 척박한 토양을 대신하여 나무뿌리에 영양을 공급하는 역할을 한다. 이끼에게 영양을 공급받는 나무들은 우거진 잎새로 그늘을 제공한다. 그늘은 물의 증발을 막고, 일조량을 적당히 유지해 이끼가 잘 자라게 해주며 나무와 이끼의 공생이 이루어진다. 이끼, 풀, 나무들이 서로 조화를 이루며 서로 얽혀 생명을 이어 가는 곳이 제주의 곶자왈이다.

에코로드는 전 구간이 지하 마그마가 만들어준 신비의 물질인 화산

에코랜드의 곶자왈산책로 화산송이길

송이로 포장된 생태탐방로다. 화산송이(스코리아)는 제주도 보존자원 1호다. 피크닉가든역 야외테라스에서 출발하여 10분 정도의 가벼운 단거리 산책코스가 있고, 40분 정도의 장거리 산책코스가 있다. 우리는 장거리 코스의 에코로드를 걸으며 드넓은 곶자왈숲을 즐겼다.

화선송이를 밟으며 가다 보면 어린이들을 위한 책과 장난감이 가득한 휴식공간인 숲속 작은 책방도 있다. 음료도 마시고, 책도 보며 지쳐 있던 몸과 마음의 휴식을 취할 수 있는 에코카페도 있다. 우리는 송이 맨발체험장에서 신비의 물질인 화산송이를 맨발로 밟으며 제주의 자연이 주는 혜택을 누렸다. 편백과 화산송이, 지하 암반수가 어우러진 에코테라피 족욕탕에서 발을 담그고 발의 피로도 풀어 주었다.

적당히 휴식을 취하고 나서 다시 기차를 타고 네 번째 역인 '라벤더·그린티&로즈가든역'에 내리니 아름다운 꽃들이 우리를 맞이했다. 장미와 허브 등 다양한 꽃들이 어우러진 유럽식 정원이 있고, 라벤더 정원에서는 향긋한 라벤더 향기에 취하게 했다. 푸른 초원과 말을 감상할 수 있는 목장의 산책로도 보이고, 자연이 주는 아름다움에 감탄사를 연발하게 했다.

기념품과 각종 차와 디저트를 판매하는 팜하우스의 야외테라스 앞은 예쁜 정원이 조성되어 주인공처럼 예쁘게 자세를 취하고 사진을 찍으며 즐거워했다. 팜하우스 2층에 앉아서 목장의 풍광을 내려다보며 이야기를 나누고, 여유로운 휴식을 취할 수 있었다. 역에서 기차를 바라보며 즐기는 사철노천족욕탕에 또 발을 담그고 낭만을 즐겼다.

라벤더·그린티&로즈가든역에서 다시 기차를 타고 출발점인 메인역으로 돌아갈 수도 있지만, 우리는 이 역에서 메인역까지 기찻길과 나란히 연결되는 숲속 데크길을 따라 걸으며 에코랜드의 신비하고 아름다운 곶자왈을 실컷 누렸다. 역시 여행은 여유를 가지고 천천히 다니는 게 좋다. 숲 내음, 꽃향기, 흙냄새, 나무 향기, 바람에 실려 온 바다 냄새는 환상적인 환경을 선사하며 오늘 하루도 자연이 주는 행복에 감사했다.

대한민국에서 가장 키 작은 섬 가파도

'가파도'는 제주도 본섬과 우리나라 최남단에 있는 마라도의 중간에 있는 섬이다. 제주 서귀포시 대정읍에 속하고, 가장 높은 곳이 높이 20m 정도다. 구릉이나 단애가 없는 평탄한 섬으로 '가오리를 닮은 섬' 이란 뜻으로 가파도라고 불린다.

1653년 네덜란드의 선박인 스페르웨르호가 타이완에서 일본으로 가던 도중 폭풍을 만나 가파도에 표류했다. 이 배의 서기였던 '헨드릭 하멜'이 저술한 '하멜표류기(난선제주도난파기)'와 '조선국기'가 비교적 정확하여 우리나라를 서방에 소개한 최초의 책으로 가파도는 역사적으로 유명한 곳이다. 서귀포시 안덕면에 위치한 산방산 아래의 용머리해안 입구에 하멜기념비가 있고, 스페르웨르호 모형과 하멜상선전시관, 하멜표류지가 있다.

가파도는 무인도였으나 1751년(영조 27)에 목사 정연유가 이 섬에 소를 방목하면서 본격적으로 사람이 들어와 살았다고 한다. 면적은 0.87 km²이고, 해안선 길이가 4.2km이다. 인구는 예전에 300여 명까지 살았으나 지금은 150여 명 정도다. 논은 거의 없고 밭과 임야로 되어 있어 겨울농사로 보리를 재배하고, 여름농사로 고구마 등을 재배한다. 호당 경지면적이 작아 농업은 부업이며, 소라·전복·해삼·성게·해조류 등 어업이 주산업이다. 가파도는 상동과 하동 2개의 마을로 나누어지고, 가파초등학교가 있다.

서귀포시 대정읍에 위치한 운진항에서는 마라도와 가파도 두 군데의 섬을 왕복하는 배가 있다. 우리 일행은 운진항에서 오전 11시 배를 타고 뱃길로 10여 분을 달려 가파도에 내렸다. 입구에는 '가파도' '친환경 명품섬'이란 표지석이 보였고, 주위에 있는 익살스러운 표정의 돌하르방이 웃음을 자아내게 했다. 바로 이곳이 상동인데 이곳에 여객선터미널과 카페가 있다.

우리는 '가파도 둘러보기' 안내판을 살펴보고 파도소리 벗 삼아 해변을 따라 오른쪽으로 돌았다. 이 길이 제주올레길 10-1코스다. 상동마을의 식당과 펜션을 지나서 해변에 우뚝 서 있는 보름바위가 이곳 사람들이 신성시하는 큰왕돌이다. 화산섬답게 산책길 가장자리의 현무암이 말동무해주었고, 파도가 밀려와 바위에 부딪혀서 하얀 물거품을 만들어 내는 풍광은 가슴속까지 시원했다.

멋스러운 일몰전망대와 고양이를 닮은 고냉이돌을 지나 가파도에서 제일 높은 곳에 있는 소망전망대를 향하여 좌측으로 돌았다. 마을 사람들과 섬을 방문하는 모든 사람의 안녕과 복을 기원하기 위해 만든 소망전망대에는 각종 소원을 적어 매달아 놓은 리본이 산들대는 가을 바람에 하늘하늘 춤추고 있었다.
　전망대에서 조금 내려가면 상동우물이 있다. 150년 전 마을 주민들이 직접 파서 식수와 빨래터로 사용했다는 상동우물에는 물 긷는 제주 아낙의 조각상이 세워져 있다. 다시 오던 길을 되돌아서 가파초등학교를 지나 골목길을 따라 해안 쪽으로 내려가다 보면 대원사, 보건진료소도 보이고 하동마을이 나온다.
　때맞춰 배꼽시계가 울리고, 무엇을 먹을까 하동마을의 이곳저곳을 기웃거리다가 민박과 식당을 같이 운영하는 '용궁식당'으로 들어갔다.

가파도의 청보리밭

용궁정식으로 먹었는데 옥돔구이, 생선회무침, 젓갈, 바다내음 물씬 풍기는 반찬들이 맛깔스러웠고, 특히 성게미역국 맛이 일품이었다. 점심 후 예쁜 꽃들이 유혹하는 골목으로 들어서니 용궁식당에서 운영하는 민박집이 보였다. 제주의 검은 돌과 조가비, 꽃들이 오밀조밀 조화를 이루며 예쁘게 가꾸어져 있었다. 가파도 토박이 주인장이 오랜 세월 아기자기하게 공들인 흔적과 솜씨가 돋보였다. 음식도 맛있고 덤으로 예쁜 민박집을 볼 수 있어서 좋았다.

가파도에서는 4~5월에 청보리와 유채꽃축제가 열리고, 10월 이맘때쯤에는 해바라기와 코스모스축제가 열린다. 꽃을 보려고 들판을 찾았지만, 해바라기와 코스모스는 8월에 찾아온 태풍 솔릭의 영향으로 작황이 좋지 않은데다가 10월 초에 불어 닥친 태풍 콩레이에 휩쓸려가 듬성듬성 피어 있어 우리를 실망하게 했다. 하지만, 탁 트인 푸른 바다를 보며 해안가를 걷고, 아기자기한 골목길과 산책길을 걷는 재미에 시간 가는 줄 몰랐다. 해안을 따라 걷다보니 서쪽으로 마라도가 가깝게 보였다. 동쪽으로는 송악산과 용머리해안, 산방산이 보이고, 그 뒤로 구름에 가린 한라산도 살짝 볼 수 있었다.

가파도에서 배를 타고 다시 운진항으로 나와 자동차로 10분 거리에 있는 송악산으로 갔다. 송악산은 다른 화산들과는 달리 여러 개의 크고 작은 봉우리들이 모여 이루어졌다. 주봉에는 분화구가 있고, 그 속에는 아직도 검붉은 화산재가 남아 있다고 한다. 그리고 바닷가 해안절벽에는 일제 강점기에 일본군이 뚫어놓은 진지동굴이 여러 개 남아있어 지난날의 아픈 역사를 말해주고 있다.

송악산에서의 산방산과 한라산

　송악산은 높이가 104m로 낮은 산이지만, 바다와 직벽을 이루고 있는 명소로 절벽에 부딪히는 파도의 하얀 포말이 절묘하게 어울려 아름다운 풍경을 연출했다. 올레길 10코스인 송악산 둘레길은 기묘한 해안절벽을 내려다보며 잘 만들어진 데크와 산책로를 따라 걸어가면서 마주치는 아름다운 경치에 감탄사를 연발하게 했다.
　최남단의 마라도와 가파도가 가까이 보이고, 사이좋은 형제섬, 우뚝 솟은 산방산, 저 멀리 한라산이 보였다. 끝없이 펼쳐지는 푸른 바다에서 불어오는 바람에 가슴이 뻥 뚫리는 듯했다. 평평한 초원지대에서는 조랑말들이 한가롭게 풀을 뜯고 있었고, 능선으로 이어지는 파란 초지가 눈을 맑게 해주었다.

  집으로 돌아가는 길에 제주민속오일장에 들러 신선한 갈치와 밀감을 샀다. 저녁 반찬으로 각자 한 토막씩 구워 먹은 갈치가 별미였다. 과일을 먹으며 친구들과 오손도손 내일의 여정에 관한 이야기를 나누고. 오늘 하루도 즐겁고 행복하게 제주도 여행을 마칠 수 있음에 감사했다.

송악산 둘레길의 해안절경

치유의 숲 절물자연휴양림

　제주에는 어디를 가나 마주치는 쪽빛 바다와 남한에서 가장 높은 산으로 제주도 전역을 가로지르는 한라산이 여행객을 부른다. 그리고 자연을 벗 삼아 도보 여행길인 올레길과 삶의 터전이었던 360여 개의 오름 외에도 가봐야 할 곳이 바로 청정지역인 휴양림의 숲이다.
　제주에는 절물자연휴양림, 교래자연휴양림, 서귀포자연휴양림, 붉은오름자연휴양림 등 자연휴양림이 많다. 봉개동에 있는 '절물자연휴양림'에 들어서자 입구에 절물자연휴양림이란 명패와 함께 익살스러운 자세로 서 있는 목각하르방이 눈길을 끌었다. 나도 목각하르방과 똑같은 자세를 취하며 사진을 찍어 페이스북에 체크인했다. 마침 숲 해설사의 안내가 시작되어 따라나섰다.
　입구의 나무데크와 제주 현무암으로 이루어진 건강산책로를 따라 걸어 들어가니 삼나무가 울창한 삼울길이 나왔다. 해설사의 안내에 따라 숲이 하늘을 어떻게 덮고 있는지, 숲에서는 어떤 새소리가 들리는지, 숲의 바람이 내 몸을 어떻게 스치고 지나가는지, 숲의 향기는 어떠한지, 숲 안과 밖의 빛과 색은 어떻게 보이는지를 천천히 음미하며 감상했다. 하늘 높은 줄 모르고 울창하게 뻗은 삼나무 아래에 서 있기만 해도 몸과 마음이 치유될 것 같은 삼나무숲에서 나는 온몸의 세포를 다 열고 걸었다.

삼나무숲에 이어서 소나무숲이 나왔다. 소나무숲은 삼나무숲에 비해 이끼가 적고 주위가 밝았다. 이 소나무는 줄기가 약간 검은색이어서 검은 소나무의 약자인 검솔이라고 했다가 곰솔이 되었다. 바닷바람을 맞고 자라서 해송이라고도 한다.

곰솔은 소나뭇과로서 햇빛을 조금이라도 못 보면 죽는다. 어느 한쪽의 가지가 옆의 나무와 맞닿아서 햇빛을 못 보면 그 가지를 뚝 떨어뜨려 스스로 가지치기한다. 그래서 소나무숲은 삼나무숲보다 숲 안이 밝다.

솔방울은 날씨에 따라 움직임을 달리하여 비가 오거나 흐린 날은 오므리고 바람이나 햇빛이 있으면 활짝 열어 씨앗을 날린다. 씨앗은 어미 소나무 옆에 바짝 붙으면 그늘에 살아남지 못하기 때문에 멀리 날아가 아무도 없고, 온전히 햇빛을 받을 수 있는 빈 땅에 뿌리를 내린다.

소나무숲에서 다리를 건너면 거인의 형제들이 사는 마을인 거인의 정원이 나온다. 이 마을에 들어가기 전에 예의를 갖추고 노크해야 한다. 우리는 처음 만난 여행객들과 서로서로 손을 맞잡아 동그랗게 원을 만들고, 해설사를 따라 노래 부르며 숲을 노크했다.

거인나무

"우리는 숲의 형제 문을 열어라, 우리는 숲의 형제 문을 열어라, 우리는 숲의 형제 문을 열어라."

연이어 세 번을 부르고 나서 마음에 드는 나무를 꼭 안아주고

"거인아, 거인아 우리에게 문을 열어줘, 거인아, 거인아 우리에게 문을 열어줘, 거인아, 거인아 우리에게 문을 열어줘."

세 번 주문을 외우고 거인의 정원으로 들어갔다. 내가 안아 준 나무 한 그루가 성인 2명이 1년 동안 숨을 쉴 수 있는 산소를 만들어 준다고 한다. 이 거인의 정원에서 거인이 앉아 있었을 법한 나무를 찾아 앉아보았다. 산뽕나무 2그루가 같이 자라다가 서로 햇빛을 보려고 가지를 치고 굽어서 편안한 나뭇등걸이 되었다.

60년 전, 이곳에는 억새가 무성한 억새밭이었다. 그러다가 어느 날 어디에선가 씨앗들이 날아와서 작은 나무들이 자라기 시작했다. 이곳의

날씨는 비와 바람이 많고 돌풍이 잦아 나무의 어린줄기가 춤을 추듯 휘청거리다가 이리 굽고 저리 굽어 나무들이 휘어져 있다.

　속살과 뿌리가 노래서 염색재료로 쓰이는 꾸지뽕나무와 물고기를 기절시키고, 천연여과 시설과 살균, 살충 작용을 하는 때죽나무가 있다. 열매는 팥을 닮고, 꽃은 배꽃을 닮은 팥배나무와 지구상에서 최초로 꽃을 피웠고, 나무에서 피는 연꽃으로 불리며 제주에서만 자라는 목련과 산딸나무, 다래나무, 작살나무 등 자연림이 뿌리를 내렸다. 우리는 여러 각도로 숲을 감상했다. 우리의 눈높이로 보고, 위로, 아래로도 보았다. 서서, 앉아서 보고, 360도로 감상하며 이 숲의 나무줄기가 어떤 모습으로 서 있는지 살펴보았다.

　새소리를 감상하며 산책할 수 있는 생이소리길에는 활엽수가 우거져 있다. 주황색, 남색의 곤줄박이, 지바구니도 보였다. 몸집이 크고, 소리의 울림도 크고, 저음인 큰부리까마귀가 유난히 많이 보였다.

　까마귀는 길조일까, 흉조일까? 고구려시대 삼족우에 포함되어 있듯이, 까마귀 베게나무 등 까마귀를 붙인 나무가 많듯이 예전에는 길조였다. 까마귀는 이승과 저승을 왔다 갔다 하면서 소식을 전해주는 새였다. 소리만 들어도 좋은 일인지 나쁜 일인지 알 수 있었듯이 이는 좋은 소식과 나쁜 소식 둘 다 전해주는 새이기도 했다.

　제주에는 '까마귀도 모르는 식게(제사)가 있다'는 말이 있다. 제사를 지내면 동네 사람들과 음식을 나누어 먹어야 해서 많은 돈이 든다. 그래서 친정식구 제사나 어린 사람이 죽었을 때 지내는 제사는 까마귀도 모르게 살짝 지내고 넘어갔다. 제사를 치르면 제일 먼저 까마귀가 알고 모여들기 때문에 생긴 말이다.

절물은 옛날 절 옆에 물이 있다고 하여 붙여진 이름이다. 현재 절은 없어지고, 약수암이 남아있지만, 절은 복원 중이었다. 예전에는 위에 있는 돌담에서 아홉 줄기로 많은 물이 흘렀지만, 지금은 조금씩 흐르고 있었다.

제주의 농한기인 여름에 사람들이 이곳에 와서 물맞이했던 곳이다. 물이 차갑고 약효도 있어 몸이 아픈 사람이 물을 마시거나 물을 맞으면 병이 낫는다는 믿음이 있었다. 건강한 사람도 절물에 가서 물을 맞으면 일 년 동안 건강하고 무탈하게 지낼 수 있다는 말이 있어 이곳을 찾는 사람이 많았다. 또한 집에서 기도할 때 쓰는 정화수로 떠가기도 했다고 한다.

현재도 아무리 가물어도 마르지 않는다는 약수터에서 솟아나는 용천수는 신경통과 위장병에 큰 효과가 있다고 전해지고, 음용수로 많이 이용되고 있으며 제주시 먹는 물 1호로 지정 관리하고 있다고 한다.

억새가 무성한 이곳에서 혈혈단신 여자의 몸으로 참선 수행을 한 사람이 있었다. 억새를 베어내고 움막을 지어 안에서 촛불을 켜놓고, 단도와 왕소금을 옆에 두고 수행했다. 참선 중에 졸리면 눈에 왕소금을 뿌리고, 단도로 눈을 찌를망정 결코 참선을 멈추지 않겠다는 각오로 정성을 다해 수행했다. 그리하여 신통력이 생기고 사람들의 과거와 미래를 볼 수 있는 도사가 되었다. 이 도사가 이곳의 물을 관리했는데 이곳은 신성한 곳이기 때문에 달거리하는 여인은 물을 마시거나 맞으면 안 된다고 했다.

절물약수터

절물자연휴양림에서 뛰노는 노루

해설사는 송당에 사는 어떤 사람의 체험담을 이야기해주었다. 어느 여인이 다음날이 제사여서 목욕재계하고 물을 맞으러 이곳에 오자마자 달거리가 시작되었다. 여인은 먼 곳으로부터 걸어서 왔는데 이대로 집에 가자니 난감하여 아무도 모르게 살짝 들어가서 물을 맞았다. 그러자 갑자기 맑은 하늘에 무지개가 뜨고 물이 흙탕물이 되어 떨어졌다. 여인은 깜짝 놀라 뛰쳐나왔고, 동시에 도사도 뛰어나와 화를 내면서 방금 누가 물을 맞았냐고 묻자 이 여인은 이실직고했다. 이에 도사가 평소 수행했던 제단에 올라가 기도하기 시작하자 2시간 후에 무지개가 걷히고 흙탕물도 맑아졌다고 한다. 이 도사는 작년에 세상을 뜨셨다고 했다.

지금도 봉개마을에 살아계시는 90세의 할머니가 젊었을 때 죽을병에 걸려 누워만 지내다가 절물에 가서 물을 맞으면 살 것 같다면서 남편에게 절물에 데려다주기를 애원했다. 남편이 마차에 부인을 태우고 가시덤불을 헤치면서 이곳에 오는데 부인은 내가 죽기 전에 반드시 이 험한 길을 닦고 가겠다고 다짐했다. 부인은 절물을 마시고, 물도 맞고 집으로 돌아가면서 기다시피 하며 가시덤불을 쳐 내려갔는데 3일 후에는 걸어서 내려가게 되었다고 한다.

때마침 까마귀가 와서 물을 먹고 있었지만, 수질검사 중이라 맛이 좋고 영험이 많은 이 절물을 우리는 맛보지 못했다. 아쉬움을 뒤로하고, 해설사와 헤어져 해발 697m인 절물오름을 향해 올라갔다. 오름 등산로는 800m로 오름 전사면이 활엽수 등으로 울창한 천연림으로 덮여 있다.

오름 정상에는 두 개의 전망대가 있어 제주시와 성산일출봉, 무수천을 조망할 수도 있다. 비교적 완만한 길을 따라 제1 전망대에 오를 때쯤 비가 보슬보슬 내렸다. 전망대에 앉아 말발굽형 분화구를 내려다보며 가지고 온 김밥과 과일로 점심을 해결했다. 다행히 비가 그치고 오름 둘레길을 돌아 제2 전망대를 거쳐 약간 경사진 층계를 올라 다시 오던 길로 되돌아 내려왔다.

조릿대 군락지가 있는 11km의 장생의 숲길 탐방은 다음을 기약하고, 울창한 활엽수가 하늘을 가리는 숲 터널인 너나들이길(3.1km)까지 산책했다. 낯선 것들이 새로운 설레임으로 다가오고, 10년은 젊어진 기분으로 풍요로운 마음과 행복한 마음을 안고, 우리는 기분 좋게 치유의 숲 절물자연휴양림을 나왔다.

차로 올라가 보는 한라산 1,100고지

어느새 제주 한 달 살기의 여행이 절반 이상이 지났다. 서울에 있는 큰딸과 아들이 엄마와의 제주여행을 기획하고, 어젯밤에 우리 숙소에 도착했다. 자녀들과는 어디를 가면 좋을까 하고 고민도 했지만, 그들이 계획을 짜서 왔다고 하여 절충해서 함께하기로 했다.

아침 8시에 '새별오름'에 다시 오르니 며칠 전 오후에 왔을 때와는 분위기가 또 달랐다. 찬란하게 빛나는 아침 햇살에 반짝이는 억새는 하얀 동산이 되어 오름을 더욱 빛나게 했다. "야! 정말 멋있다."는 감탄사를 연발하는 딸과 아들을 보며 나도 덩달아 기분이 벅차올랐다. 서늘하게 불어오는 아침 바람을 맞으며 가볍게 오름에 올라 위에서 오름을 덮고 있는 풍성한 억새숲과 시원하게 펼쳐지는 주변 경관을 내려다보며 한편으로는 감상적이 되기도 하고, 또 한편으로는 가족과 함께하는 환희에 가득 찬 감동을 받았다.

1100도로

　늦은 아침으로 아들이 해물라면을 먹고 싶다고 하여 맛집으로 이름 난 '협재해녀의집'으로 갔으나 가는 날이 장날이라고 임시휴업이란 안내와 함께 문이 잠겨있었다. 어쩔 수 없이 근처에 있는 음식점에서 해물탕으로 아침을 때우고, 전망 좋은 카페 '커핀그루나래'에 들렀다. 구수한 커피 내음 맡으며 보고 또 보아도 질리지 않는 협재해수욕장의 하얀 모래와 어울려 물빛 좋은 바다, 거기에 한 수 더하는 검은 바위를 보면서 가족과 떨어져 사는 딸, 아들과의 그동안 적적했던 회포를 풀었다.
　딸과 아들의 여행 일정이 짧아 한라산 등반은 다음으로 미루고, 차로 올라갈 수 있는 한라산 최고 고지인 1,100고지로 차를 몰았다. 달리는 차창 밖으로 울창한 나무들이 우거지고, 단풍나무 숲이 알록달록 예뻤다. 우리의 차는 오르막길을 오르고 올라 해발 1,100고지에 도착했다. 주차장 위쪽에 있는 휴게소 건물이 습지전시관에서 1,100고지의 신

1100고지 습지

비스러운 사계절의 모습을 사진으로 보고, 전망대에 올라 굽이굽이 펼쳐지는 웅장한 한라산 자락의 전경을 감상했다.

1,100고지 휴게소 옆에 서 있는 사슴동상(백록상)의 전설이 전해지고 있다.

'옛날 한라산 기슭에 가난하나 효성이 지극한 젊은 사냥꾼이 병든 어머니를 모시고 살고 있었는데 어느 날 지나가는 나그네가 사슴의 피가 그 병에 특효라고 알려주었다. 사냥꾼은 다음날 사슴을 찾아 한라산 정상까지 오르게 되고, 짙은 안개 속에서 끝내 흰 사슴 한 마리를 발견하게 된다. 그가 화살로 사슴을 쏘려고 하는데 갑자기 백발의 노인이 나타나 사슴을 막아선 뒤 함께 안개 속으로 사라졌다. 사냥꾼이 허탈한 마음으로 그들이 사라진 곳으로 내려가 보았더니 큰 연못 하나가 있었다. 그는 어쩔 수 없이 사냥을 포기하고 대신 연못물을 떠다 어머니에게 드렸다. 그랬더니 신기하게도 어머니의 병이 말끔하게 나았다'

지금도 한라산에는 백록이 살고 있다고 전해져온다. 이 백록은 심성이 어질고 효성이 지극한 사람에게만 보이고, 이 백록을 보는 사람은 큰 행운과 장수를 얻는다고 한다.

전망대에서 내려와 길을 건너 습지를 둘러볼 수 있는 습지탐방로를 걸었다. 1,100고지 습지는 멸종위기종 및 희귀종이 서식하고, 독특한 지형에 발달한 고산습지로서의 가치가 인정되어 람사르습지에 등록되

1100고지람사르습지

었다. 습지 주위에 습지관찰로를 만들어 산책하면서 습지를 관찰할 수 있었다.

 습지에는 물과 이끼와 돌, 나무, 꽃, 생물들이 어우러져 조금씩 다른 자연경관을 보여주었다. 습지에 널려있는 구멍이 숭숭 뚫린 검은 돌에 이끼가 끼어있고, 습지에서 자라나는 희귀한 나무들이 신비스러운 분위기를 자아냈다. 화산폭발 후 습지의 생명은 돌에 생긴 이끼에서부터 출발했다. 흰뺨검둥오리. 노루. 산제비나비, 제주 도룡 등 계절과 장소에 따라서 많은 생물을 볼 수 있다고 한다. 유난히 많은 까마귀가 까악까악 울며 날고 있었고, 습지에는 쓸쓸한 늦가을이 흐르고 있었다.

 1,100고지에서 내려와 늦은 점심으로 제주흑돼지 맛집인 '제주돈아

를 찾아가 고기를 구워 먹었다. 종업원이 우리와 이야기도 나누면서 유난히 두꺼운 오겹살을 노릇노릇잘 구워주었는데 정말 고소하고 졸깃졸깃 맛있었다.

　해안도로와 일주도로를 번갈아 타며 달리다가 표선면 표선리의 바다가 보이는 카페 '해비치불턱'을 만났다. 카페의 편안한 의자에 앉아 몸을 쉬게 하고, 구수한 커피내음 맡으며 오묘하게 빛나는 쪽빛 바다를 감상했다.

　양쪽에 딸과 아들을 두고 끝없이 펼쳐지는 수평선을 바라보니 이보다 더 행복할 수 있을까? 하얀 포말을 그리며 출렁이는 바다는 바위에 부딪히며 즐거운 비명을 지른다. 가을은 바다에서도 출렁이며 서성대고 있었다.

제주의 쪽빛바다

제주의 서쪽 해안도로 드라이브

제주도는 사방이 바다로 둘러싸여 있는 섬으로 해변을 따라 이어지는 풍광 좋은 해안도로가 많다. 이런 해안도로를 따라 드라이브를 즐긴다면 어느 휴양지에 온 듯 마음이 여유롭고 눈이 즐거운 보너스 같은 휴식을 즐길 수 있다.

오늘은 바다를 보며 달리는 해안도로를 드라이브하기로 했다. 제주의 지형은 동서로 길게 타원형이다. 해안도로는 계속 이어지는 것이 아니라 1132 일주도로를 타고 가다 보면 주변 환경에 따라 중간중간에 해안도로로 이어진다. 해안도로와 일주도로가 사이좋게 이어지는 타원형의 제주를 드라이브하면서 해안도로마다의 색다른 풍경을 즐길 수 있다.

해안도로는 이어지는 지역의 이름을 따서 애월해안도로, 신창해안도로 종달리해안도로 등 각각의 명칭이 있다. 제주의 아름다운 바다 풍경과 함께하는 낭만적인 해안도로 드라이브는 생각만 해도 스트레스로

무지개해안도로

답답한 가슴을 확 날려줄 것만 같았다.

숙소에서 가까운 '용두암해안도로'로 들어섰다. 용두암에서 도두봉까지 이어지는 아기자기한 해안도로다, 제주공항에서 제일 가까운 해안도로로 파도소리 벗 삼아 드넓게 펼쳐지는 쪽빛 바다를 감상하며 드라이브할 수 있는 해안도로다. 도심에 가까워 카페나 음식점도 많은 '무지개해안도로'를 만날 수 있다. 해안가 도로의 가드레일에 무지개색을 입히고, 아기자기하게 꾸며 놓아 눈이 호강하고, 화려한 사진 찍기에 좋다. 시간의 여유가 있다면 그리 높지 않아 오르기 쉬운 도두봉에 올라 도두항과 이어진 바다를 감상하고, 제주국제공항에서 연이어 뜨고 내리는 비행기를 볼 수 있다.

이호테우해수욕장에서부터 외도까지의 해안도로는 한적하며 에메랄드빛 바다가 예쁘다. 이호테우해수욕장에는 넓은 캠핑장도 있고, 서프

제주일주도로와 해안도로

보드를 즐기는 사람들이 많았다. 해안도로에서 드라이브하는 자동차와 여유롭게 걷는 사람들이 많이 보였다.

　외도에서 일주도로로 빠져나와 달리다가 해안도로 중 제일 인기가 많다는 '하귀애월해안도로'로 들어섰다. 길가에는 화려한 숙박업소들과 음식점이 들어서 있고, 맑고 푸른 바다와 해안절벽에서 하얀 포말을 이루며 철썩거리는 파도가 어우러져 기막힌 절경을 선사했다. 또한 이런 절경을 눈앞에 두고 차 한 잔 마실 수 있는 예쁜 카페들이 많았다. 이 해안도로를 드라이브할 때는 꼭 '한담해안산책로'로 내려가 코발트블루 빛 바다를 실컷 누리며 걸어보는 것도 좋다.

　애월항에서 다시 일주도로로 이어지고, 한림항과 협재해수욕장, 금능해수욕장을 지나는 '귀덕한림해안도로'로 들어섰다. 한적한 해안도로를 달리면서 신선한 바다 공기를 마시며 드라이브하는 기분이 새로웠다. 예쁜 바다를 배경으로 전망 좋은 카페들이 여행객에게 어서 들어와 차 한 잔 마시면서 쉬어가라고 유혹하고 있었다.

협재해수욕장의 유난히 하얗고 가는 모래밭에 앉아 물빛 좋은 바다와 저만치 앞에 보이는 아름다운 비양도를 감상했다. 비양도를 배경으로 환상의 낙조 사진을 찍을 수 있는 곳이기도 하다. 따스한 햇빛을 등에 지고, 부드러운 모래밭에 앉아 바다를 바라보고 있는 것만으로도 몸과 마음이 치유되는 것 같았다.

해안도로는 신창리에서 이어지는 '한경해안로'로 이어졌다. 신창풍차해안의 싱게물공원이 나오고, 바다에 수없이 늘어선 풍차행렬은 우리

싱게물공원의 신창풍차해안

를 유혹하며 달리던 차를 멈추게 했다. 시원하게 불어오는 바닷바람을 맞으며 바다를 가로지르는 다리를 산책하는데, 가까이에서 보이는 거대한 풍차의 위력에 살짝 겁이 나기도 했다.

다시 차에 올라 신창풍차해안에서 낚시터로 유명한 차귀도를 바라보며 달리다 보면 고산포구가 보이고 멀리서 다가오는 용수포구풍력단지가 또한 운치를 더해준다. 제주의 서쪽 해안은 유난히 바람이 많아서인지 풍차행렬을 많이 볼 수 있고, 일몰 사진 촬영지로 소문난 곳이 많기도 하다.

'고산일과해안도로'는 차귀도항에서 신도리를 거쳐 일과사거리에 이르는 해안을 따라가다 보면 바다와 인접해 있는 전망 좋은 수월봉과 해안절벽이 아름다운 엉알해안을 만날 수 있다. 수월봉은 화산재가 겹겹이 쌓여 생긴 오름이고, 엉알해안은 제주도의 숨은 비경 31곳 중 하나로 해안절벽이 화산재가 쌓여 이루어진 퇴적층으로 독특한 모양이다. 소박한 제주의 어촌풍경과 차귀도의 낙조를 바라보며 달릴 수 있는 이 해안도로는 노을이 가장 아름다운 구간 중의 하나이며 '노을해안로'라고도 불린다.

모슬포항에서 다시 이어지는 '형제해안도로'는 한적한 하모리해변을 지나 송악산에서부터 사계리까지 이어지는 해안로다. 바다에 떠 있는 형제섬, 바다가 만들어낸 조각품인 용머리해안과 산방산을 보며 달릴 수 있다. 우리나라에서 가장 남쪽에 위치한 해변인 사계해변 등 유명 관광지가 많고 한국의 아름다운 길 100선에도 포함되었다.

제주여행의 백미 중 하나는 차를 타고 한적하고 멋진 해안도로를 달려보는 것이다. 그렇다고 해안도로를 단번에 달리는 것이 아니라, 중간중간에 아름다운 풍경을 만나면 쉬엄쉬엄 쉬기도 하고, 풍광 좋은 해안가를 중심으로 잘 만들어진 산책로를 걸어보기도 했다. 다양한 시설이 있어서 맛집을 찾아가고, 전망 좋은 예쁜 카페에 앉아 차 한 잔의 여유를 즐길 수 있어 좋았다.

상쾌한 바닷바람과 아름다운 해변을 즐겨보는 여유를 가진다면 덤으로 몸과 마음이 치유되고, 제주는 더 매력적으로 다가올 것이다.

용수포구 풍력단지

제주의 동쪽 해안도로 드라이브

　제주에서 어디서든 쉽게 만날 수 있는 바다는 삶의 터전이다. 바다는 무료한 사람들의 놀이터요, 모험을 좋아하는 사람들의 도전장이다. 바다는 밀물과 썰물을 보며 기다림을 배우는 그리움이요, 삶에 지친 사람들의 휴식처다.
　서귀포시에서 일주도로를 타고 동쪽으로 가다 보면 '남원해안도로'를 만나고, 다시 일주도로를 타고 달리면 표선해수욕장에서 세화리까지 연결되는 '세화해안도로'를 만난다. 제주 동남부의 바다 정취를 진하게 느끼면서 달릴 수 있는 세화해안도로는 포구와 등대, 마을들을 만날 수 있어 어촌의 정감이 넘친다.
　제주도 해변 중 가장 넓은 모래사장을 자랑하는 곳 중의 하나인 '표선해수욕장'은 원래 깊은 바다였는데 설문대할망이 넓고 고운 백사장으로 만들었다는 설화가 있다. 경치가 아름답고 이국적인 제주올레길 4

코스에 있는 이 해안도로의 인근 관광지로는 제주민속촌과 성읍민속마을, 혼인지 등이 있다.

신산리에서 시작하여 신앙리해안 입구까지 연결된 해안도로인 '신앙해안도로'를 타고 달렸다. 평화로운 바다와 주변 풍광을 즐기며 달리니 넓은 초원과 파란 하늘, 옥빛 바다, 기암괴석이 적절히 어우러진 해안절경이 펼쳐졌다. 해안선을 따라 외세를 막기 위해 쌓아놓은 성벽인 환해장성이 우리와 한참을 동행했다.

'올인' 드라마 촬영지로 유명한 섭지코지도 찾아가서 초원을 산책하고, 전망대에 올라 성산일출봉과 우도를 배경으로 그림처럼 펼쳐진 아름다운 풍광을 마음껏 누렸다. 성산일출봉 가기 전에 만난 광치기해변의 썰물 때의 모습은 어느 원시시대의 무인도에 온 듯 신성하기까지 했다.

광치기해변

외세의 침입에 대비한 성곽 별방진

　성산일출봉에서 이어지는 세화해안도로는 6월이면 아름다운 수국이 한창인 '종달리해안도로'로 이어진다. 넓은 백사장과 맑은 바닷물을 자랑하는 하도해수욕장을 만나고, 외세침입에 대비해 조선시대에 축조한 성곽인 별방진을 만났다. 아름다운 세화해변에서 월정리해변까지 계속해서 쭈욱 달릴 수 있었다.
　종달리해안도로는 제주의 해안도로 중에서 가장 길이가 긴 해맞이

서우봉의 코스모스

해안도로지만, 해가 질 무렵에도 황금빛 노을과 바다가 어울려 아름다운 황혼을 선사했다. 드라이브는 물론 자전거 하이킹과 산책하기에도 좋은 아름다운 해안도로로 크고 작은 많은 관광지를 경유하는 곳으로 유명하다.

　제주올레길 20코스로 달이 머물다 간다는 월정리해변은 맑고 푸른 해변으로 파도를 즐기는 서핑보더가 많고, 바닷가에 줄지어 들어선 카페나 음식점이 많아 젊은이들에게 특히 인기가 많다.

  월정리해변을 출발하여 에메랄드빛 바다와 검은 바위, 풍력발전기가 이국적인 김녕성세기해변을 향해 달리다가 멋진 풍광이 나타나면 차를 세우고 구경하기를 반복했다. 누구의 정성과 염원인지 모를 검은 돌탑들이 바람이 불면 금방 넘어질 듯 우리를 반겼다.

  올레길 19코스가 있는 해안도로로 조천에서 함덕해수욕장까지 이어지는 '조천함덕 해안도로'는 구불구불하여 굴곡의 변화가 심한 편이지만, 함덕의 서우봉이 보이는 절경과 조천 앞바다가 펼쳐지는 풍광에 감탄사가 절로 나왔다. 함덕해수욕장의 멋진 야자수와 곱고 하얀 모래, 탁 트인 바다가 교묘하게 어울려 아름다운 자연을 선사하는 해변은 우리를 외국에 나온 듯 착각하게 했다.

  함덕해수욕장 주변에 차를 주차하고 서우봉에 올랐다. 서우봉 입구에는 코스모스와 해바라기가 반기며 예쁜 포토존을 선사했다. 서우봉 정상에 올라 시원한 바람을 맞으며 드넓은 바다와 이국적으로 돌아가는 풍차가 바라다보이는 풍광 또한 환상적이었다. 반대편으로는 한국의 몰디브로 불리는 함덕해수욕장의 예쁜 해변이 한눈에 들어왔다. 서우봉둘레길을 한 바퀴 돌아내려 와 다시 함덕해수욕장으로 갔다.

  조망권이 끝내주는 카페 '델몬도'가 함덕해수욕장의 한가운데에 우뚝 서서 피로해진 우리에게 손짓했다. 어떻게 이런 곳에 카페가 있을 수 있었을까? 정말 카페 위치가 말이 되지 않는 장소인 함덕해수욕장 한가운데 모래사장에 떡 버티고 있었다. 커피향기 그윽한 카페에 앉아 오묘한 에메랄드빛 바다와 바다에서 즐겁게 노니는 사람들과 아름다운

카페 델몬도

서우봉을 바라보며 시간 가는 줄 모르고 한참을 머물렀다.

함덕포구를 지나 제주시내를 한눈에 내려다볼 수도 있는 일몰 명소인 관곶전망대를 만났다. 관곶을 지나 '조천해안도로'를 달리다가 바다에서 노니는 고래 무리를 볼 수 있었다. 고래 여러 마리가 이리저리 헤엄치며 물 밖으로 나왔다가 들어가는 과정을 여러 번 반복하며 지나가는 여행객을 불러들였다. 폴짝 뛰어오르는 커다란 동작을 기다리는 우리의 애만 태우고 등만 살짝살짝 내놓으며 숨곤 했다. 그래도 쉽게 볼 수 없는 고래 무리를 운 좋게도 우연히 마주친 행운의 날이었다.

올레길 18코스의 역방향으로 신촌포구와 신촌환해장성을 지나면 닭이 양쪽 날개를 펼친 모습과 닮은 일몰 명소 '닭머르' 해안이 있다. 이곳 정자에 올라 아름다운 풍광을 감상하고, 이어지는 해변 길을 걸으며 바다를 사랑하다 떠난 '이성환 시인'의 추모시비가 있는 시비코지의 숨은 비경도 만났다.

동부권을 중심으로 제주시내에서 가까운 '삼양해안도로'는 해안도로 중에서 가장 길이가 짧지만, 삼양에서 화북까지 한적하게 주변 경치를 보며 달릴 수 있다. 전통적인 제주의 초가집 풍경과 동네 주민들의 빨래터도 보이고, 삼양동 빨래터의 용천수에서 시원하게 발을 담가보는 호사도 누릴 수 있다.

삼양해수욕장에도 들러 특이한 검은 모래 해변을 걸어보는 것도 좋았다. 드라이브 중간중간에 경치 좋은 곳에 내려서 사진도 찍으며 바다 내음에 흠뻑 취해보기도 하고, 정겨운 밭담도 보이는 이국적이면서도 제주다운 풍경을 감상할 수 있다. 밤이 되면 환하게 밝혀지는 독특한 조형미의 가로등이 예뻐서 심야 드라이브를 즐기고 싶은 사람들에게 인기가 좋다고 한다.

해안도로는 제주도를 한 바퀴 돌면서 중간마다 만나는 바다를 보며 달릴 수 있는 도로다. 일주도로를 타고 가다 보면 도로표지판이 해안도로로 들어가는 입구를 안내한다. 잠깐 해찰하면 해안도로 입구를 그냥 지나쳐버리기도 하고, 해안도로에 들어갔다가도 길을 잃고 방황하기도 했다.

제주해안도로 드라이브는 하루에 다 돌아보기에는 무리다. 중간중간에 볼거리, 즐길 거리가 많아 여러 번 나누어서 여유롭게 돌아보면 좋고, 이왕이면 역방향으로 바다를 오른쪽에 두고 돌면 바다를 더 가까이에서 볼 수 있다.

'제주에서 해안도로 드라이브를 해보지 않으면 제주를 온전히 즐긴 것이 아니다.'
라는 말이 있다. 그만큼 차를 타고 다니면서 만나는 바다와 주변 풍경은 시시각각 다른 풍광을 선사하며 해변의 정취에 푹 빠지게 했다. 끝없이 이어지는 환상의 드라이브 길에 바다는 길동무를 해주고, 볼거리와 즐길 거리를 제공하며, 제주에 관한 많은 이야기를 들려주었다.

닭머르해안

추자도의 숨겨진 비경, 나바론하늘길

추자도는 제주항에서 북쪽으로 약 45km 떨어져 있으며, 사람이 사는 4개의 유인도와 아무도 살지 않는 38개의 무인도로 이루어져 있다. 주 섬인 상추자도와 하추자도가 추자대교로 서로 연결되어 있고, 추포도, 횡간도 등의 부속 섬이 있다.

제주항연안여객터미널에서 상추자도로 향하는 오전 9시 30분발 '씨월드고속훼리 퀸스타 2호'를 탔다. 출발과 함께 선장이 파도가 좀 높아 뱃멀미를 할 수도 있다며 주의를 당부하자마자 퀸스타 2호는 출렁이는 바다에서 바이킹이 되었다. 처음에는 승객에게 재미를 주기 위해 일부러 서프라이즈 하는 줄 알았다. 하지만, 배는 파도타기를 멈출 줄 모르고 너울성 파도와 함께 널을 뛰었다.

숨 돌릴 틈도 없이 나의 넋은 나갔다 들어왔다 정신이 없었다. 이대로 한 시간을 버틸 수 있을까, 혹시나 이 배와 함께 무슨 사고가 나지

제주올레길18-1코스(추자올레길)

는 않을까? 심장은 정신없이 뛰었고, 간이 떨어져 나갈 듯하며 오금이 저렸다. 의자에 딱 붙은 몸은 긴장을 풀지 못하고, 두 손을 뒤로 깍지 끼어 의자를 부여잡고 한몸이 되어 떨어질 줄 몰랐다.

옆에 앉은 친구는 이미 비닐봉지에 토하고 있었으나 고개를 의자에 붙이고 있던 나 자신도 몸을 움직일 수 없었으니 친구를 도와 줄 수가 없었다. 파도는 사그라지지 않고 거의 1시간을 그렇게 시달린 뒤에 배에서 내리자마자 우리는 녹초가 되어 대기실에 주저앉았다. 어쩔 수 없이 대합실 직원의 안내로 항구 바로 앞에 있는 여관에 들어가 드러누

왔다. 한참을 쉬고도 정신을 차리지 못하고 있던 두 친구는 여관에 남아 쉬기로 하고, 정신이 돌아온 나와 한 친구는 상추자도를 돌아보기로 했다.

제주올레길 18-1코스인 추자올레는 벽화로 담장을 치장한 상추자도의 마을에서부터 시작한다. 추자초등학교 바로 뒷산 중턱에 있는 최영장군 사당에서 가볍게 참배했다. 조금 더 올라가니 봉굴레산을 향하여 바다를 바라보며 걸을 수 있는 예쁜 능선길이 나왔다. 후포해변에서 바라보는 추자의 바다는 제주의 바다와는 또 다른 풍광을 선사했다. 행복과 행운을 부르는 치유의 색인 에메랄드색으로 오묘한 빛을 발하며, 뱃멀미로 만신창이가 되었던 우리의 몸과 마음을 치유하고 있었다.

눈앞에 보이는 후포정자를 뒤로 하고, 정상까지 급경사로 이어지는 추자도의 숨겨진 비경인 나바론하늘길로 들어섰다. 기암절벽 위로 오르고 또 오르는 길은 정말 아찔아찔했다. 고소공포증이 있다면 포기해야 할 정도로 가파른 낭떠러지였다. 계단으로 되어 있었으나 조심조심 발을 내디딜 때마다 무서움에 심쿵했다.

뱃멀미로 여관에 누워 있는 두 친구와도 같이 했더라면 정말 감탄하며 걸었을 추자도의 비경이었다. 추자등대에서 내려다보니 상추자도와 하추자도, 이 두 마을을 잇는 추자대교가 한눈에 들어왔다. 상추자도 마을의 주황색 지붕들이 산과 바다와 어우러져 유럽에 온 듯 눈길을 끌었다.

여관에 남은 친구들이 걱정되고, 또 미안하여 상추자도를 다 돌아보지 못하고 마을로 내려왔다. 내려오는 길은 계단으로 길게 이어지고,

주위에 이름 모를 꽃들과 나무들이 우리를 반겼다. 여관에 돌아오자 그동안 약을 먹고 쉬고 있던 친구들이 조금 몸을 추스르고 있었다. 얼큰한 생선탕으로 입맛을 돋우며 저녁을 먹고 나서 다 같이 항구와 마을을 산책했다.

나바론하늘길

뱃멀미로 예정에 없던 상추자도에서 1박을 하고, 여관 주인이 알려준 대로 아침 9시 버스를 타고 하추자도의 신양항으로 갔다. 제주행 배 출항 시간에 여유가 있어 모진이 해수욕장에 들러 해변에 깔린 검은 몽돌을 밟으며 하추자도에서 하지 못한 관광의 아쉬움을 달랬다. 반질반질 윤이 나는 예쁜 돌멩이를 가져오고 싶은 마음 간절했지만, 만져보는 것으로 만족했다. '한일 레드펄호'의 대형 배를 타고, 파도 걱정 없이 객실 바닥에 누워 편안하게 제주로 올 수 있었다.

추자의 올레길은 18.2km로 약 6~8시간 정도 걸리는 난코스다. 그러나 상추자도에서 봉골레산을 오르고, 추자도 최고의 비경인 나바론하늘길을 걷고, 전망바위와 등대를 거쳐 추자항까지 걷는 시간은 대략 3~4시간 정도 소요된다.

애초에 당일치기로 추자도에 들어올 생각을 한 것이 잘못이었다. 1박 2일로 계획하고 처음부터 이런 큰 배를 타고 하추자도로 들어왔더라면 차근차근 넉넉하게 다 돌아볼 수 있었을 것이다. 추자도로 들어갈 때 너무 고생한 것을 생각하면 어떻게든 빨리 안전하게 제주로 돌아올 수 있었다는 데에 만족해야 했다. 추자도의 여행에 앞서 바람이나 파고와 같은 날씨 정보와 배의 정보를 자세히 알아보지 못한 우리의 실수였다. 언제 기회가 된다면 추자도에 다시 가서 제대로 구경하며 걷고 싶다.

나바론하늘길에서 내려다 본 상추자도

제주여행의 훈장 발목 골절

아차, 쭈욱~, 비탈길에 오른발이 미끄러지면서 미처 따라오지 못한 왼발이 꺾이고, 그 위에 나의 엉덩이가 쿵~ 내려앉았다. 순간 '뚝' 소리와 함께 내 입에서 절로 비명이 터져 나왔고, 큰일 났다는 생각과 함께 가슴이 철렁 내려앉았다.

제주의 거문오름탐방로 마지막 3코스를 돌고 거의 다 내려왔을 즈음이었다. 평소에 나이 들어 뼈를 다치면 회복하기 힘드니, 조심 또 조심해야 한다고 노래를 불렀건만, 등산화를 신지 않고 내 발에 편한 신발을 신고 오름을 오른 게 탈이었다. 하기야 그 신발로 한라산도 무사히 올라갔다 왔으니 방심할 만했다. 아무래도 뼈가 부러진 것 같아 거문오름 탐방안내소에 구조요청을 했다. 구조요원은 뼈가 골절된 것 같진 않다며 응급처치하고. 나는 요원 두 분의 등에 번갈아 업혀 내려왔다. 육중한 내 체중에 그분들에게 나의 미안함은 배가 되었다.

병원에 가서 사진을 찍어보니 나의 짐작대로 외복사뼈가 골절되었다. 수술을 하면 3주, 안 하면 6주 정도가 지나야 겨우 발이 땅을 디딜 수 있을 거라는 의사의 소견이었다. 어쩔 수 없이 전주에 가서 치료하기로 하고, 응급처치로 반깁스하여 목발을 짚고 숙소로 돌아왔다. 냉찜질로 부기와 통증을 달래며 밤을 꼬박 새웠다.

'제주 한 달 살기'로 제주에 와서 신나게 여행하다 이제 4일의 여정이 남아 있었다. 수술을 하더라도 발의 부기가 빠지고 난 뒤에 수술해도 가능할 것 같아서 바로 집에 돌아가지 않고, 나는 숙소에 남아서 냉찜질하며 휴식을 취하고 싶었다. 와중에도 친구들이 나로 인해 계획에 차질이 없도록 여행을 계속하길 권했다. 친구들은 하루를 쉬고 다시 여행에 나섰고, 나는 발의 부기를 가라앉히려고 냉찜질을 계속하며 쉬고 있었다.

전주에 가기 전에는 가족에게 비밀로 하려고 했는데 3일째 되는 날 아들과 통화 중에 말하게 되었다. 아들은 나를 데려가려고 바로 제주에 내려왔다. 여행 하루를 남겨 놓고 결국 우리 일행은 제주에서 한 달 살기 여행에 마침표를 찍고 제주를 떠나왔다. 전주의 집에 도착하여 이튿날 병원에 가서 다시 진찰한 결과 의사는 꼭 수술해야 한다고 했다.

수술실 침대에 누워 척추에 바늘을 꽂고 마취제를 투입하는 순간 엉덩이가 붕~ 뜨는 느낌이 오더니 왼발이 완전히 마비되었는지 꼼짝도 하지 않았다. 오른쪽 발가락은 잠시 움직일 수 있었지만, 그마저도 마비되어 완전히 하반신 마비가 되었다. 하체를 움직이려 해도 꿈쩍하지 않는 그 두려웠던 느낌을 어떻게 표현해야 좋을까? 아! 하반신 마비된 사람

거문오름과 한라산 자락

은 이런 느낌으로 살아가는구나, 새삼 그들의 삶에 동정심과 경외심이 일었다.

잠시 마취가 잘 되었는지 확인하더니 기계 돌아가는 소리, 석션 소리, 기구 다루는 소리, 의료진들의 말소리 등이 어우러져 공포는 더해졌다. 그 공포를 이기려 마음속으로 기도를 시작했고, 내가 아는 몇 편의 시를 계속해서 되뇌었다. 얼마의 시간이 지나자 수술의가 수술이 잘 되었다고 나를 안심시켰다. 침대에 실려 수술실에서 나오니 수술실 앞에서 걱정하며 기다리고 있던 가족들은 위로의 말과 함께 수술실에서 40분 만에 나왔다고 했다.

척추마취의 후유증을 없애기 위해 하루 동안은 침대에 반드시 누운 채로 고개도 들어서는 안 되고, 화장실도 갈 수 없으니 침대에서 볼일을 봐야 한다고 했다. 수술한 발은 발목을 주위로 발가락까지 다쳤을 때보다도 더 심하게 부어올랐고, 무통주사를 링거처럼 달아 놓고 계속 맞고 있는데도 통증은 수술 전보다 더 심했다. 침대에 누워 발을 심장보다 높이 올리고 냉찜질하며 통증과 부기가 내리기를 기다렸다.

하루 이틀 지나면서 부기도 내려가고 통증도 차츰 줄어갔다. 혹시 앞으로 일상생활에 지장을 주지는 않을까, 그동안 취미생활로 즐겼던 탁구를 못하게 되면 어쩌나 하는 걱정과 놀랐던 마음도 차차 안정되어 갔다. 긍정적인 생각으로 완전히 회복될 수 있다는 믿음을 가졌다. 그리고 더 큰 부상이 아니었길 다행이라 여기며 나 자신을 달랬다. 아무에게도 알리지 않고 조용히 입원하여 치료하고 싶었지만, 지인들에게 안부 전화가 오면 거짓말을 할 수가 없어 하나둘 알게 되고, 더러는 병

문안을 오기도 했다.

　수술 후 2주 만에 반깁스를 풀고, 수술 부위의 실밥을 제거한 다음 아예 통깁스를 했다. 발등의 부기가 약간 남아 있었고, 통증도 아직 가라앉지 않은 상태에서 딱딱한 통깁스를 하니 발목을 누르는 압통이 느껴져 통증이 더 심해졌다. 이틀을 참다가 깁스가 너무 조여서 발등을 누른다고 생각되어 깁스 교체를 요구했다. 담당 의사의 허락에 깁스를 잘라내고 다시 했다.

　깁스를 자를 때 전기톱 돌아가는 소리와 느낌에 내 살을 다치면 어떡하나 하는 두려움에 닭살이 돋으며 온몸의 세포가 곤두섰다. 깁스해주는 직원이 자기는 매뉴얼대로 했다며 다시 해주기는 하지만, 이렇게 느슨하게 하여 효과가 없어도 자기는 모른다며 약간의 불만과 엄포를 놓기도 했다. 살짝 걱정되었지만, 시종일관 통증에 시달리지 않았으면 하는 마음이 더 컸다.

　2인실 병실이 없어 3인실을 사용했는데 1인실이나 마찬가지로 병실에는 나 혼자 입원해서 딸과 아들이 옆 침대에서 같이 밤을 보낼 수 있었다. 이틀 후 한 분이 입원하여 오순도순 정답게 지냈는데 10일 정도 지난 어느 날, 한 분이 또 입원하여 드디어 3인실 병실이 되었다. 새로 입원한 분은 눈에 거슬리는 행동과 함께 어찌나 코를 세게 고는지 발등의 통증 때문에 선잠을 잤던 나는 뜬눈으로 밤을 지새웠다. 참을 수가 없어 1인실로 옮겨 통깁스 때문인지 진통제를 먹어도 줄어들지 않는 통증과 함께 일주일을 보냈다.

　입원 3주 만에 퇴원하여 한방병원에 다시 입원했다. 어혈 풀어주는

침을 맞고, 한약을 먹으면서 목발을 짚고 걷는 연습을 했다. 입원 4일째가 되니 다행히 발등의 통증이 좀 약해진 것을 느꼈다. 붕대를 풀어 통깁스 사이로 보이는 발목의 흉터를 보니 아직도 딱지가 떨어지지 않아 지저분하고 징그러웠다. 이제 이 상처를 내 예쁜 발목에 평생 제주여행의 훈장처럼 지니고 살아야겠구나. 의사는 무슨 그 나이에 흉터를 염려하느냐는 듯 말을 했지만, 어디 나이 먹었다고 마음마저 나이를 먹을 수 있겠는가. 그래도 통증이 약해진다는 사실만 기뻐하자고 생각했다.

수술 5주째, 수술한 병원에 가서 드디어 통깁스를 잘라냈다. 한결 가벼워진 다리에 마음조차 가벼웠다. 그 기분도 잠시, 발목보호대를 차니 압박감에 다시 통증이 왔고, 발등이 부어오르기 시작했다. 신발이 맞지 않아 통깁스하고 신었던 보조신발을 그대로 신고 벗어질 듯 위태롭게 한방병원으로 돌아왔다.

한방병원에서 약침도 맞고, 찜질과 전기치료를 받았지만, 발목보호대의 압박감에 잠을 잘 수가 없었다. 수술한 병원에서는 물리치료를 할 때도 보호대를 하고 하라고 했지만, 통증 때문에 밤에는 보호대를 풀어주니 압박에서 벗어난 발등의 앞부분은 오히려 더 부어올랐다. 냉찜질과 온찜질을 번갈아 해주고 나서야 발을 높이고 잠이 들 수가 있었다.

일반침과 약침을 맞고, 냉찜질과 온찜질을 계속해주니 3일 만에 부기가 가라앉기 시작했다. 4일째에는 평상시에 신었던 슬리퍼를 신을 수 있었다. 걷기에도 조금 부드러워진 느낌이어서 목발을 하나만 짚고 걸었다. 한방병원에서 3주를 입원하고 드디어 병원생활 6주 만에 그리운 내 집으로 돌아올 수 있었다.

은퇴 후 인생에서 가장 여유롭고 가장 자유로운 시간에 이런 시련을 주다니 '호사다마'가 맞는 말인가 싶기도 했다. 그동안 목말라했던 이런 여행에 내가 너무 행복해했었나 보다. 하지만, 더 큰 시련을 주지 않고, 이나마 다행이라고 생각하며 병마저도 내게 성숙의 시간을 주는 것이라 믿었다.

  그래도 또다시 내게 이런 여행의 시간이 주어진다면 주저하지 않고 떠날 것이다. 여행이란 새롭고 경이로운 자연과 만나서 마음의 충만감을 느끼고, 내가 살던 사회와 다른 문화를 만나 견문을 넓힐 수 있다고 생각한다. 그리고 일상에 지친 몸과 마음의 긴장을 풀고 치유를 얻어 앞으로 살아갈 수 있는 새로운 힘을 얻는 여정이기 때문이다.

  친구들과 때로는 가족과 함께 햇살보다 더 환한 웃음을 나누며 여유롭고 행복했던 '제주 한 달 살기' 여행의 추억을 나는 평생 가슴에 안고 살아갈 것이다.

여름휴가로 떠나는 제주여행

비 오는 날의 제주여행

제주의 북동쪽 여행
— 연북정, 종달리해안도로, 지미오름

제주의 남서쪽 여행
— 차귀도, 생이기정바당길, 천주교 대정성지

제주곶자왈도립공원

아름다운 해안풍경을 품은 월라봉

단산오름과 제주올레길 6, 7, 8코스
— 단산오름, 대평포구, 섶섬

제 4 부

여름휴가로 떠나는 제주여행(1)
— 제주곶자왈도립공원

여름휴가로 떠나는 제주여행

7월 초, 아들과 둘이서 오붓하게 제주도를 향해 출발했다. 영농작업으로 오디를 수확하고, 뽕나무 전지까지 마치고 나서야 보상으로 여름휴가가 주어져서 손꼽아 기다리던 제주도로 여행을 떠나게 된 것이다.

6월 한 달 동안 새벽 6시에 일어나 밭에 나가서 오디를 수확하고, 10시쯤 아점을 먹고, 집에 돌아와 수확한 오디를 정리하고 샤워하면 점심때가 된다. 피곤함에 잠시 휴식을 취하면서 더위를 피하고, 오후 4시쯤 다시 밭으로 나가 작업하다 보면 어느새 어둑해진다. 밖에서 저녁을 해결하고 집에 돌아오면 깜깜한 밤이 되기를 어느새 한 달이 훌쩍 지났다.

노동의 보상으로 얻은 수확물을 지인들에게 팔기도 하고, 남은 건 1년 동안 우리 식구가 먹을 오디생과와 오디즙, 오디잎이다. 그리고 허리를 비롯한 손가락 마디, 여기저기 몸의 통증과 밭에서 모기에게 물린 흔적들이 선물이다. 그래도 한 해 동안 충분한 먹을거리가, 그것도 어디 하나 버릴 데 없이 몸에 좋다는 뽕나무에서 수확한 먹거리가 냉동고에 가득히 준비되었다는 뿌듯함에 이런 고통 정도야 참을 수 있었다.

오전 10시, 아들이 운전하는 차를 타고 전주를 벗어나자 조금씩 비가 뿌리기 시작하더니 갈수록 거세어졌다. 남원을 거쳐 곡성을 지나는 길에는 옛 기찻길이 국도와 나란히 달리고 있었다. 철로 주변의 철쭉 군락이 많은 시간의 흐름을 알려주는 듯 거대한 무리를 이루고 있어 빗속에 드러난 철쭉동산이 드라이브의 운치를 더해 주었다. 영화 '곡성'을 생각하면서 첩첩산중을 지나는데 지나가는 사람들이 하나같이 거센 비바람에도 우산을 쓰지 않은 채 걸어가고 있어 정말 곡성답다며 우리는 농담을 하고 웃었다.

쏟아지는 비를 가르고 순천을 지나 고흥에 도착했다. 고흥군청에서 전기자동차 충전을 하고 점심을 먹으려고 고흥 읍내에 들어섰으나 비는 더욱 거세지고, 음식점 근처에 차를 주차할 수가 없어 한참을 돌다가 그냥 지나치고 녹동항으로 갔다. 근처 '통뼈감자탕' 식당 앞에 차를 주차하고 시래기감자탕을 먹었는데 맛이 일품이었다. 거기에 후식으로 아이스크림도 듬뿍 담아서 먹으니 고흥 읍내에서 이리저리 돌다가 허탕 치고 녹동항으로 간 것이 오히려 참 잘되었다고 생각했다. 식당을 나서다 보니 식혜와 수정과도 후식으로 마련되어 있었다.

그동안 제주에 차를 가지고 들어갈 때마다 배를 타고 갔었지만, 완도항이나 목포항에서 출발하여 제주항으로 갔었고, 고흥 녹동항에서 성산포로 들어가는 것은 이번이 처음이었다. 녹동신항에서 운항하는 '선라이즈제주호'는 운항을 개시한 지가 얼마 되지 않아 홍보를 위한 빅세

선라이즈제주호

일 기간이라 다른 배표의 반값으로 예약할 수 있었다.

선라이즈제주호는 작년 7월부터 운항을 개시한 15,000t급 대형선박이다. 여객 638명, 차량 적재 170대, 침대실, 의자실과 평실로 구분되어 있다. 바람이 거세고 비가 많이 온다는 일기예보에 약간의 걱정이 앞섰다. 세월호 사건 이후에 배에 대한 불신으로 신뢰가 무너졌기 때문이다. 다행히 승선할 때부터 비가 그쳤고, 거대한 유람선은 파도를 가르고 유유히 앞으로 나아갔다.

배 안에는 코로나19의 유행으로 여객이 적어 한산했다. 예약한 의자석에 앉아 TV에서 방송하는 영화를 보고 있었는데 다른 사람이 골프 채널로 바꿔버렸다. 선박 안에서는 인터넷이 되지 않아 지루해지기 시작했고, 장시간 의자에 앉아있다 보니 피곤하여 휴게소로 나갔다. 휴게소를 이용하는 사람이 적어 자유스럽게 긴 의자에 앉아서 간식도 먹으며 편안한 시간을 보냈다. 제주 성산항에 도착하여 배에서 내리니 다행히 장대비는 그치고, 간간이 약한 비가 오락가락했다.

　제주의 동쪽인 성산항에서 서남쪽 대정읍에 있는 숙소로 가기 위해 해안도로를 따라 차를 몰았다. 신풍포구 근처 바다 가까이에 차를 주차하고 내리니 조그만 게들이 길바닥에 꿈틀꿈틀 바쁘게 움직이다가 우리의 발소리를 듣고는 잽싸게 돌무더기 속으로 사라졌다. 시원한 바람과 파도 소리에 환호성을 지르며 즐기는데 파도가 갑자기 우리 발아래까지 날아와 깜짝 놀라게 했다. 내가 좋아하는 장소인 신천목장 앞 바닷가에도 들러서 파도가 일렁이는 푸른 바다와 해안절벽, 너른 초원을 보며 상큼한 바람을 맞았다.

　숙소로 가는 길에 전기차를 충전하면서 저녁을 해결하려고 표선해수욕장 주차장에 들렀다. 충전기 5대 중 4대가 고장이었다. 한 대는 다른 차가 충전하고 있어서 근처 해비치호텔 주차장으로 갔으나 그곳에 있는 2대도 다 고장이었다. 다시 표선면사무소로 가서야 겨우 충전할 수 있었다. 전기차 천국이라던 제주에서 충전기 관리가 너무 엉망이어서 크게 실망했다. 저녁까지 해결하고 숙소에 들어가 짐을 풀고 나니 어느새 밤 11시였다. 내일의 여정을 위해 씻고 바로 잠자리에 들었다.

신풍포구

비 오는 날의 제주여행

100mm의 비가 내린다는 예보에 따라 아침부터 주룩주룩 비가 내렸다. 숙소를 나와 빗속을 뚫고 달리는 양쪽 길가에는 천년의 역사를 자랑하는 고풍스러운 돌담이 둘러쳐진 밭담이 펼쳐지고, 밭 가운데에는 신기하게 산담이 둘러쳐진 무덤도 보였다. 세계중요농업유산으로 지정된 구멍 숭숭 뚫린 검은 돌담들이 너른 들판에 옹기종기 모여 있는 모습이 볼수록 정감이 있고 또한, 이색적이었다.

당산봉을 지나 차귀도가 보이고 수월봉이 나왔다. 왼쪽으로 자연 친화적인 한옥과 정원이 아름다운 미쁜제과가 쉬고 가라고 손짓했지만, 바다풍경이 예쁜 카페가 나타나리라 기대하고 그냥 지나쳤다. 쏟아지는 비에 바다는 즐거운 비명을 지르고, 바람에 날리는 하얀 포말이 바위와 힘차게 부딪히며 부서지는 풍경이 가슴속을 시원하게 적셨다.

좁은 해안도로도 놓치지 않고 구석구석을 달려서 대정읍 일과를 지

제주 밭담

나 건물 외관이 멋진 카페 '수애기베이커리'를 만났다. 예전에 한 번 들러서 맘에 들었던 카페라 반가움에 차를 주차하고 안으로 들어갔다. 둥글게 곡선을 이룬 전면 유리창을 통해 보이는 카페의 전경은 자연 그대로의 바다를 품은 아름다운 풍경이 펼쳐졌다. 비가 내리는 바다를 보고 앉아 있노라니 더 낭만적이고 감상적이어서 편안한 분위기에 젖을 수 있었다.

'송악산'으로 가는 해안도로 드라이브 중에 난코스를 만났다. 농로 같은 좁은 도로는 중앙에 무성하게 자란 풀이 불쑥 올라와 있고, 바퀴가 지나다닌 자국은 움푹 패어 자동차가 뒤뚱뒤뚱했다. 차 밑바닥에서 전기차 배터리보호케이스가 부딪치는 소리를 들으며 조심조심 운전하여

형제섬

  그 어려운 길을 빠져나왔다. 내가 운전했더라면 절대 그길로 들어가지 못하고 되돌아 나왔을 것이다. 자동차 운전 베테랑인 아들이 엄마에게 조금이라도 더 바다 가까이에서 해안도로를 구석구석 보여주려고 하는 기특한 마음이었다.

  송악산주차장에 차를 주차하고 송악산둘레길을 탐방했다. 비가 와서 조금만 올라갔다가 되돌아오려고 했는데 다행히 비는 차츰 잦아져서 계속 걸었다. 기암절벽이 파도와 조화를 이루고, 검푸른 바다와 형제섬이 사이좋게 놀고 있었다. 밑에서 올려다보기만 했던 산방산은 송악산

안덕계곡

  중턱에서 보니 우뚝 솟아올라 더 크고 웅장해 보였다. 흐린 날씨에도 송악산 남서쪽으로 최남단의 마라도와 가파도가 모습을 드러냈다.
   송악산을 한 바퀴 돌고 내려와 안덕면에 있는 '새물국수' 식당으로 갔다. 돼지고기 수육이 도마 위에 올라온 돔베고기와 고기국수, 멸치국수로 맛있게 점심을 먹고, 군산오름을 향해 차를 몰고 가는데 '안덕계곡' 안내표지판이 보였다. 그렇지 않아도 안덕계곡에 가보고 싶었는데 운이 좋았다. 비가 와서 그런지 강한 물줄기가 시원스레 흘러가는 계곡을 따라 우뚝 서 있는 웅장한 바위들이 예술이었다. 계곡의 시원한 물

대평포구의 박수기정

에 발을 담그고 넓적한 바위에 앉아 있으면 신선놀음이 따로 없을 것 같았다. 안덕계곡은 우연한 기회에 생각하지도 않은 선물 같은 행운의 만남이었다.

　군산오름 입구까지 차로 올라갔는데 낮게 내려앉은 구름에 오름도 잠겨 있고, 주위 풍경이 아무것도 보이지 않았다. 오름에 오르지 않고 그냥 내려와 '박수기정'이 보이는 대평포구로 향했다. 박수기정은 바가지로 떠 마시는 샘물을 뜻하는 '박수'와 맑은 물이 펑펑 솟는 절벽을 뜻하는 '기정'이 합쳐진 말로 깨끗한 샘물이 솟아나는 절벽이란 뜻이다.

　박수기정의 낭떠러지 해안절벽은 정말 아름다웠다. 동쪽으로부터 올레길 8코스의 종점이고, 서쪽으로 향하는 올레길 9코스가 시작되는 곳이다. 8코스의 해안도로를 따라 드라이브하면서 카페를 찾았으나 전망 좋은 카페마다 사람이 많았다. 코로나19의 유행으로 붐비는 곳을 피하다 보니 결국 카페에 들어가지 못하고 해안도로를 빠져나오게 되었다.

　중문 시내를 달리는데 2차선 도로가 1차선으로 합류하는 지점에서였다. 아들은 2차선에서 1차선으로 들어가기 위해 일찍부터 좌회전 깜빡이를 넣으며 2대의 차량을 보내고 천천히 끼어들었다. 그런데 1차선에서 오던 시내버스가 차선을 양보하지 않으려고 중앙선을 넘어 달리면서까지 무리하게 추월하다가 우리 차 백미러를 치고 앞 범퍼를 긁으며 지나쳤다.

　깜짝 놀란 우리는 차를 세우려고 했으나 버스는 그냥 달렸다. 빵빵~ 경적을 울리며 계속 버스를 뒤따라갔으나 버스는 정류소에서도 정차하지 않고 계속 달리기만 했다. 버스가 불법유턴을 하자 우리는 차를 버스 옆에 바짝 붙이며 창문을 열고 정지하라고 버스기사에게 큰 소리로 외쳤지만, 못 들은 채 그냥 내뺐다. 우리는 112에 신고하면서 계속 버스를 뒤따라갔는데 계속 달리던 버스는 차고지로 들어갔다.

　우리는 버스 앞에 차를 정차하고 기사가 버스에서 내려오길 기다리고 있었으나 기사는 우리가 보이지 않는 듯 한참을 딴 짓을 피우다가 내렸다. 접촉사고 사실을 이야기하자 버스기사는 전혀 모른척했다. 몰랐다고 하더라도 사고가 났다고 하면 이야기를 들으려고 하던지, 일단

미안하다든지 사고 수습을 하려고 해야 마땅하리라.

경찰이 오자 버스기사는 경찰에게도 사고 사실을 몰랐고, 우리가 그렇게나 경적을 많이 울리고 따라갔던 것도 전혀 모른다고 말도 안 되는 소리를 계속했다. 경찰관에게 교통사고 접수를 마치고, 우리는 카페에 들르려는 일정도 포기한 채 긴장하고 떨린 가슴을 안고 숙소로 돌아왔다. 몸이 다치지 않은 게 천만다행이었다.

제주의 북동쪽 여행
— 연북정, 종달리수국도로, 지미오름

아침부터 주룩주룩 비가 내리는 제주의 서쪽 중산간도로를 달리는데 안개로 인해 앞 차의 깜빡거리는 비상등만 보였다. 제주시내로 들어오면서부터 안개가 서서히 걷히고 비도 잦아들었다.

연북로를 달리다 만난 카페 '스타벅스'에서 드라이브스로를 이용하여 제주만의 특별 음료인 까망크림프라푸치노와 쑥떡크림프라푸치노를 샀다. 아들과 같이 비가 덜 올 것 같은 제주의 동북쪽을 향해 달리는 차 안에서 마시는 음료에서는 조그만 쑥떡이 찰지게 씹히고, 달콤하고 시원하니 입안에서 살살 녹아내렸다.

조천읍 조천리 마을을 누비다가 골목 끝에서 만난 올레길 18코스로 용천수가 솟아 나오는 바닷가를 산책했다. 비는 오지 않고 산책로는 조금 음습했지만, 바다로 난 길이 아기자기했다.

마을에 있는 현지인 맛집 식당인 '백리향'에서 점심을 먹었다. 조그마한 식당으로 번호표를 받고 대기하고 있는 손님들이 있었다. 생선구이와 돼지불고기가 같이 나오고, 값이 저렴하니 맛도 좋았다. 점심을 배부르게 먹고, 마을 해변 길로 들어서다 높다란 축대 위에 세워진 망루 연북정을 만났다.

　제주의 관문인 '연북정'은 유배되어 온 사람들이 한양의 기쁜 소식을 기다리면서 북녘의 임금에 대한 사모의 충정을 보낸다고 하여 붙여진 이름이라고 한다. 망루의 용도로 지어졌을 듯한 연북정은 동남쪽을 향하여 세워졌고, 타원형의 성곽으로 둘러싸여 있다.

　종달리수국도로를 향해 달리다가 '관곶전망대'를 만났다. 관곶은 해

조천리 용천수길

연북정

　남 땅끝마을과 가장 가까운 곳으로 파도가 거센 곳이어서 제주 울돌목이라고 말하기도 한다. 조천포구로 가는 길목에 있는 '곶'이란 뜻을 담아 관곶이라고 한다. 잠깐 전망대에 올라 바닷바람 맞으며 관곶의 바다를 즐겼다. 관곶에서부터 자연 그대로인 초지와 자갈길을 걷고 신흥리 모래사장을 밟으며 해안을 따라서 올레길 19코스를 산책했다.
　다시 차를 타고 함덕해수욕장을 지나고 월정해수욕장 곁을 달리는데 어느새 해수욕장이 개장했나 보다. 너른 모래사장에는 해수욕을 즐기는 젊은이들이 많았다. 평대해변을 지나고 '세화해변'을 지나는데 노곤하니 잠이 쏟아졌다. 바닷가에 차를 주차해 놓고, 우리는 의자 등받이를 눕혀 차 안에 누워서 낮잠을 청하며 잠시 쉬었다. 물빛이 예쁜 세화해수욕장은 아기자기하게 포토존도 마련해놓고 여행객들의 발길을 멈추게 했다.

지미봉

 '종달리수국도로'에는 철 지난 수국이 빛이 바래고 풀이 죽어 보기가 안타까웠다. 좀 더 일찍 찾아왔더라면 환한 미소로 예쁘게 줄지어 서 있는 수국과 함께 사진도 찍고 노닐었을 텐데 조금 아쉬웠다. 곳곳에서 즐기는 여행객들과 어우러진 바다를 감상하며 종달리해안도로를 천천히 달리다가 듬직하게 서 있는 '지미오름'을 만났다.
 올레길 21코스로 종달리에 있는 높이 160m의 지미오름은 기생화산으로 등산로는 조금 가파른 편이었지만, 천천히 걸어서 20여 분 만에 정상에 오를 수 있었다. 지미오름은 제주도 동쪽 땅끝에 있는 봉우리를 의미하는데, 정상에는 조선시대에 설치한 봉수대의 흔적이 남아 있다.
 사방이 훤히 트여 내려다보이는 지미봉 정상에서는 코발트빛 동쪽 해

지미오름 정상에서

안이 유난히 더 아름다워 보였다. 가까이 보이는 우도가 잔잔한 바다에 누워서 평화롭게 쉬고 있고, 우뚝 솟은 성산일출봉이 그 위용을 자랑하고 있었다. 서쪽 둘레길에는 너른 억새밭이 출렁거리고, 멀리 용눈이 오름, 다랑쉬오름이 있는 제주 동부의 오름군락이 펼쳐졌다.

 지미오름과 항구가 있는 근처 카페 '고래의 바다'에 앉아 오늘의 쉼표를 찍었다. 성산일출봉과 우도를 사이에 두고, 성산항에서 우도로 출발하는 여객선이 유유히 흘러가고 있는 바다가 정말 예뻤다. 사랑하는 아들과 이렇게 멍하니 마주앉아 함께 하는 것만으로도 위로가 되고 행복했다. 끝없이 넓은 바다는 모든 시름을 다 품어주는 것 같았다.

제주의 남서쪽 여행
— 차귀도, 생이기정바당길, 천주교 대정성지

오늘 제주로 들어와서 우리와 합류하기로 했던 큰딸이 갑자기 급한 일이 생겨 일정을 취소했다. 계획이 틀어진 아쉬운 마음에 우리는 늦잠을 자고, 빨래까지 하고 나오느라 느지막이 숙소를 나섰다.

점심을 먹으려고 숙소 근처에 있는 현지인들의 맛집인 '장군오리' 식당으로 갔다. 점심 특선으로 오리불고기와 오리탕이 나왔다. 오리고기의 양도 많았고, 오리탕도 구수하니 맛있었다. 덤으로 전복도 시켜서 구워 먹으며 딸과 같이할 수 없음이 더욱 안타까웠고 딸에게 미안했다.

바다를 바라다볼 수 있는 카페를 찾아 달리다가 '차귀도'가 보이는 두 개의 카페가 눈에 들어왔다. 그중에 규모는 작지만 아담하고 한산한 카페에 들어갔다. 차귀도가 바라다보이는 찻집 '빈2020'의 푹신한 의자에 앉아 구수한 커피내음 맡으며 한가한 시간을 즐겼다. 수월봉에서 바

차귀도의 여름

차귀도의 겨울

라다보았던 차귀도와 이곳에서 보이는 또 다른 차귀도의 모습이 신기하고 아름다웠다. 포구에서 해가 질 때 바라보는 차귀도의 풍광은 아름답기로 손꼽히는 명풍경이다.

예전에 배를 타고 차귀도에 들어가 산책했던 기억이 되살아났다. 수면 위로 솟은 암초인 장군여, 썩은여, 간출암 등이 유람선을 타고 차귀도로 들어가는 관광객의 눈을 즐겁게 했다. 차귀도에 들어가서 넓은 억새초원을 지나 등대로 오르는 길, 전망대로 가는 길을 걸으면서 행복했던 기억이 새로웠다. 시원하게 불어오는 바람과 함께 신기한 해안절벽이 바다를 배경으로 정말 아름다웠다.

차귀도는 죽도와 와도 2개의 섬으로 이어진 제주도에서 가장 큰 무인도다. 옛날 중국 호중단이 제주에서 중국에 대항할 큰 인물이 나타날 것을 경계하여 지맥과 수맥을 끊고 중국에 돌아가려고 했다. 그때 한라산의 수호신이 매로 변하여 갑자기 폭풍을 일으켜 이 섬 근처에서 배를 침몰시켜 배가 돌아가는 것을 차단했다고 하는 전설에 의해서 차귀도라 부른다고 한다.

찻집 바로 앞에서부터 시작하는 해안절벽을 따라서 올레길 12코스를 걸었다. 시원한 바닷바람과 함께 해안절벽이 아름다운 '생이기정바당길'에서 내려다보이는 차귀도가 신기하게도 방향에 따라 모습이 달라져 보이고 있었다. 아름다운 해안길 끝으로 당산봉둘레길이 펼쳐졌다. 숲터널을 이루는 당산봉둘레길을 돌고 나서 신비스러운 차귀도와 아름다운 해안절벽이 어우러진 당산봉을 바라보며 의자에 앉아 쉬었다. 바다에서 불어오는 상쾌한 바람이 가슴속 깊이 파고들어 모든 시름을 다

날려버릴 것 같았다.

오늘도 휴식을 취할 겸 카페를 찾았다가 우연히 발견한 멋진 올레길 12코스 생이기정바당길을 걸을 수 있는 행운을 만났다. 낯선 길을 여행하다 보면 뜻밖의 행운을 만나기도 한다는 것이 얼마나 큰 즐거움인지 알게 해준다.

생이기정은 제주어로 새를 뜻하는 '생이'와 절벽을 뜻하는 '기정'이 합쳐진 말로 새가 날아다니는 절벽이란 뜻을 담고 있다. 생이기정바당길에서는 가마우지를 흔히 볼 수 있다. 가마우지는 잠수성이 뛰어난 물새

올레길 12코스 생이기정바당길

천주교 대정성지 정난주의 묘

지만, 기름샘이 없어 잠수한 후에는 깃털을 말리기 위해 주로 갯바위나 해안절벽을 이용한다. 이때 깃털을 말리면서 배설하는 습성 때문에 화산재 절벽이 배설물로 하얗게 변했다.

숙소로 돌아가는 길에 '천주교 대정성지'에 들렀다. 성지에는 신앙의 증인인 '정난주 마리아의 묘'가 있다. 정난주는 1773년 남양주 마재에서 정약현의 딸로 태어났다. 정약전, 정약종, 정약용의 조카이며, 정하상(바오로) 성인의 누님이며, 황사영 백서로 유명한 황사영(알렉시오)의 부인이다.

황사영 백서사건으로 황사영은 순교하고, 아내 정난주 마리아는 제주도로 유배되어 관비로 살았다. 귀양길에 추자도에서 생이별한 젖먹이 아들 경한을 그리워하며 눈물로 한 생애를 바친 정난주 마리아는 제주도에서, 어머니를 그리던 아들 황경한은 추자도에서 생을 마감했다. 정난주 묘소에 세워진 비석에는 이렇게 쓰여 있다.

'제주도 서귀포시 대정읍의 관노가 된 정난주 마리아는 온갖 시련을 신앙으로 이겨냈다. 풍부한 교양과 학식으로 주민들을 교화시켜 노비 신분에도 불구하고 서울 할머니로 불리며 이웃들의 칭송 가운데 살아갔다. 신앙만을 유일한 위안으로 삼고, 37년 동안 하느님께 봉헌된 삶을 살다가 1838년 음 2월 1일 병환으로 숨을 거두었다.'

고난과 시련을 신앙과 인내로 이겨내고 복음적 삶을 살다가 세상을 떠난 정난주 마리아는 주위 사람들에게 서울할망으로 불리며 존경받았다. 제주 신자들은 1994년 이곳을 대정성지로 지정하여 신앙의 증인, 정난주 마리아를 백색 순교자로 기리고 있다.

제주곶자왈도립공원

숙소에서 아침을 해 먹고, '제주곶자왈도립공원'으로 차를 몰았다. 곶자왈이란 화산활동 중 분출한 용암류가 만들어낸 불규칙한 암괴지대로 숲과 덤불 등이 다양한 식생을 이루는 곳이다. 화산이 폭발해서 만들어진 용암덩어리 위에 숲이 생성되어 곶자왈이 되었다.

'곶자왈(Jeju Gotjawal)'의 '곶'은 나무들이 무성하게 우거진 숲을 가리키고, '자왈'은 나무와 덩굴 따위가 마구 엉클어져 수풀같이 어수선하게 된 가시덤불을 말한다. 화산이 분출할 때 점성이 높은 용암이 크고 작은 바윗덩어리로 쪼개져 요철(凹凸) 지형이 만들어지면서 나무, 덩굴식물 등이 뒤섞여 원시림의 숲을 이룬 곳이다.

곶자왈은 제주지역에서만 존재하는 용암숲으로 동물과 식물들이 살아갈 수 있는 장소를 제공하고 있다. 돌, 이끼, 풀, 나무들이 조화를 이루며 서로 얽혀 생명을 이어가는 곳이다. 제주 곶자왈의 흙냄새, 숲 냄

곶자왈도립공원 탐방로

    새, 나무 냄새, 숨골에서 불어오는 풍혈, 바람에 실려 온 바다내음은 환상적이다.
    곶자왈의 '숨골'은 지하에서 지표로 뚫린 작은 구멍을 말하는데 사람이 숨을 쉴 때 공기가 입을 통해 출입하듯이 지하가 지표로부터 숨을 쉬기 위한 통로다. 숨골은 지표에 가까이 있는 용암동굴의 천장이 무너진 곳이나 무너진 암석의 틈과 틈 사이의 공간을 말한다.
    탐방안내소에서 곶자왈 입구로 들어서면 목동들이 말이나 소에게 꼴을 먹이기 위해 드나들던 길인 '테우리길'이 나온다. 울창한 숲으로

곶자왈의 맹아림

곶자왈의 숨골

둘러싸여 있고, 나무데크와 억새풀매트 산책로가 쭉 연결되어 잘 정비되어 있다. 테우리길 끝에서 높이 15m의 전망대가 나오고, 전망대에 올라 바라보면 수많은 오름과 한라산이 펼쳐져 있는 멋진 풍광이 펼쳐진다.

전망대 앞에서 용암동굴에 살았다는 사람의 이름을 딴 '오찬이길'과 용암이 만든 용암지대로 이루어진 비교적 평탄한 길인 '빌레길', 두 갈래로 나눠진다. 우리는 빌레길로 들어갔다. 제주도에서 빌레지대는 지질학적 의미로 용암이 만든 넓은 땅에 해당한다. 울퉁불퉁하게 주름진 밧줄구조의 빌레지대는 곶자왈 내부 곳곳에 발달해 있다.

숲에는 나무뿌리 하나에 여러 개의 줄기로 나뉘어 자라는 나무가 많았다. 수십 년 전 조상들은 땔감이나 집을 짓기 위하여, 또는 숯을 굽기 위하여 나무를 베었다. 밑동이 베인 나무에서 시간이 지나고 자연스레 싹이 나와 여러 줄기로 자라게 된 것이다. 이런 나무들이 자란 숲을 '맹아림'이라고 한다. 이 일대는 멸종위기 야생식물 2급인 개가시나무의 최대 분포지이기도 하다. 숯을 굽기 위한 목재와 숯을 운반하기 위해 만든 길인 숯군빌레도 있다.

빌레길을 지나면 '한수기길'과 오찬이길로 나눠지는데 우리는 지역 주민들이 농사를 짓기 위해 만들었던 한수기길로 들어섰다. 빌레길과 한수기길에는 매트나 데크가 없고, 길이 울퉁불퉁하여 미끄러웠다. 한수기길 끝에는 가시나무 종류가 군락을 이루고 있는 원형 그대로의 곶자왈 숲길인 '가시낭길'이 이어지고, 다시 시작 지점인 테우리길이 우리를 탐방안내소로 안내했다 쉬엄쉬엄 걸어서 2시간 정도 탐방하는 곶자왈지대 산책길이 시원한 숲길이었지만, 습하고 무더운 여름날이라 몸은 땀에 흠뻑 젖었다.

여행객들에게 소문난 음식점인 '한림칼국수'로 차를 몰아서 한참을 대기한 뒤에 구수한 보말죽과 보말칼국수, 보말전으로 먹은 점심이 정말 맛있었다. 해안도로를 달려 협재해수욕장을 지나는데 모처럼 맑은 날씨에 금요일이어서 그런지 모래사장에는 수많은 인파가 몰려 물놀이를 즐기고 있었다.

신창풍차해안도로까지 드라이브하다가 바닷가 카페 '클랭블루'를 만났다, 더위도 피하고 몸도 쉴 겸 카페에 들어가서 시원 음료를 앞에 두고 푹신한 의자에 몸을 맡겼다. 바닷속에서 커다란 원을 그리며 돌아가는 거대한 풍차 행렬의 신기하고 아름다운 모습을 감상하며 휴식을 취했다. 오늘도 도란도란 이야기 나누며 나와 동행해준 아들이 곁에 있어 참으로 행복했다.

아름다운 해안풍경을 품은 월라봉

오늘의 오름탐방은 안덕면 감산리에 있는 '월라봉'이다. 오름의 생김새가 달이 떠오르는 모습을 연상시키고, 남쪽 봉우리의 모습이 동쪽으로 향하고 있어서 달이 뜨는 모습을 바라보는 형상이라 붙여진 이름이라고 한다.

월라봉은 대평포구에서 화순금모래해수욕장까지 이어지는 제주올레길 9코스에 포함된다. 제주 서남쪽의 수려한 해안절경의 용머리해안과 주상절리로 천혜의 비경을 선사하는 해안절벽 박수기정을 품고 있다. 월라봉주차장에 차를 주차하고 시멘트로 포장된 임도를 따라 올라가는데 시작부터 상당히 가파르다. 그늘도 없어 여름 더위에 헉헉거렸지만, 오르막 임도가 그리 길지 않아서 다행이었다.

임도가 끝나고 왼쪽으로 비교적 넓은 숲길이 나왔는데 나무들이 키가 크지 않아서 그늘이 적고, 산길이 가파르면서 미끄러웠다. 오름을 오르는 길목에서 바다에 떠 있는 마라도와 형제섬이 보이고, 용머리해안, 송악산, 산방산, 단산오름까지 저 멀리 보이는 풍경이 수채화처럼 다가왔다. 월라봉 중간쯤에서 위로 쭉 뻗은 나무계단을 올라가면 박수기정 절벽 위에 설치된 월라봉전망대가 나오고, 아찔한 박수기정 아래로 펼쳐지는 대평포구가 시원스레 펼쳐진다.

전망대에서 잠시 쉬고 울창한 숲길을 걷다 보면 제주에서 제일 긴 80m의 일제 갱도진지가 나오는데 월라봉에도 아픈 과거 역사인 일제강점기의 동굴진지가 여러 개 남아 있다. 제주의 어느 곳에서나 쉽게 볼 수 있는 아픈 역사의 현장이며, 다시는 이런 일이 일어나지 않도록 교훈을 주는 역사교육의 현장이다.

내리막길이 나오고, 감귤농장이 보이고, 안덕계곡의 물소리가 들려왔다. 안덕계곡 전망대에서 바라다본 계곡의 양쪽에 우뚝우뚝 솟은 웅장하고 기묘한 바위의 모습에 감탄사가 절로 나왔다. 계곡을 따라 내려오는 길은 소들이 지나간 흔적에 산 아래 축사가 보이고, 곧이어 포장도로가 나왔다.

주차장에 도착해서 시계를 보니 쉬엄쉬엄 걸어서 2시간 정도 걸렸다. 오늘도 옷은 땀에 흠뻑 젖었다. 전기차라서 차를 주차해놓고, 에어컨을 빵빵하게 틀어 잠시 땀을 식혀도 부담이 없어 좋았다. 제주 추사관이 있는 마을 식당에서 점심으로 제주 특별식인 몸국을 먹었다. 전에 표선면의 가시식당에서 맛있게 먹었던 몸국 맛을 기대했는데 아쉽게도 그 맛은 아니었다.

대평포구로 차를 몰아서 포구에서 바라다 보이는 아름다운 박수기정

월라봉 중턱에서

을 감상하고, 전망 좋은 카페를 찾아 가까운 해안도로로 달리다가 카페 '팔길'을 만났다. 그리 크지 않은 카페였지만, 창가 자리가 비어 있어 들어가 앉았다. 시원한 음료를 마시면서 예쁜 바다를 바라보고 행복해 하고 있는데 창밖에 놓인 야외의자가 참 편안해 보이며 우리를 유혹했다. 밖으로 나가 안락의자에 앉아 가슴속까지 시원한 바닷바람과 구수한 커피내음까지 맡으니 피곤한 몸은 절로 나른해지고 잠깐 낮잠까지 불러들였다.

해안도로로 되돌아 나오는데 며칠 전에 입구까지 왔다가 심한 안개

군산오름 정상

로 인해 오르지 못했던 군산오름이 저 멀리서 유혹했다. 군산오름은 차로 정상 가까이 올라갈 수 있어 쉽게 접근할 수 있고, 정상에서 사방팔방으로 막히는 곳 없이 훤히 트여 멋진 파노라마뷰가 장관이다.

 오름 정상으로 올라가는 길목에는 일본군에 의해 만들어진 진지동굴이 있는데 역시 이 오름에만도 10여 개가 있다. 좁고 위험스러운 오름 정상에 조심조심 올라서니 시원하게 불어오는 바람과 함께 사방에 펼쳐지는 풍경에 가슴이 탁 트이고, 말로 할 수 없는 벅찬 홍분에 야호~ 소리가 절로 나왔다.

서남쪽으로 가파도, 마라도, 송악산, 바다에 잠겨 있는 형제섬이 보이고, 북서쪽으로 오름들의 행렬이 펼쳐지면서 북동쪽으로 한라산까지 가세하며 멋진 능선을 이루고 있었다. 남동쪽으로는 너른 바다에 우뚝 솟아오른 섶섬, 문섬, 범섬까지 보였다. 군산오름은 언제 와 봐도 맘에 드는 오름 중 하나다.

여행이란 새로운 풍경만을 보는 게 아니라,
새로운 생각을 갖는 것이다.

여행이란 낯선 곳을 헤매면서 인생을 배우고, 생활에 찌들어 복잡해진 생각을 정리하고, 삶의 방향을 인도해주는 산책길이다. 낯선 곳을 헤매는 그 시간, 나를 이끄는 몸과 생각, 기분이 내 삶의 일부를 풍부하게 해주는 여정이다.

단산오름과 올레길 6, 7, 8코스
― 단산오름, 대평포구, 섶섬

이번 여행은 우리의 숙소가 있는 제주 남서쪽의 대정읍에서 가까운 곳을 주로 찾았다. 오늘의 목표는 서귀포시 안덕면 사계리에 있는 거대한 박쥐 형태의 '단산오름'이다.

'약 80만 년 전 깊은 바다에서 화산폭발이 일어났고, 원래 바다였던 곳에 지층이 형성되어 만들어진 용머리해안, 산방산과 같이 단산도 그곳에서 솟아났다. 가장 오래된 화산쇄설성 퇴적층인 단산은 높이 158m의 오름으로 화구가 없이 끝이 뾰족한 피라미드 모양의 원추형이다. 제주에서는 박쥐를 '바굼지'라고 하여 바굼지오름이라고도 한다.'

단산오름 등산로

단산오름 입구에 제주 4.3사건 피해 사찰인 단산사가 있다. 1948년 4.3사건 당시 단산사의 강기규 주지스님은 제주도불교청년단 집행부였다. 스님이 민족불교 수립활동을 하고, 단산에 올라가 봉화를 피우고 무장대와 연락을 취했다고 경찰에 끌려가 총살당했다고 한다.

단산사에서 조금만 걸어 올라가면 예전에 찻길을 내면서 꼬리가 잘려 나가 단산의 끝자락이 보이는 곳으로 넓은 바위가 나온다. 시야가 확 트인 넓은 바위에서 잠시 쉬어가며 시원한 바람을 맞았다. 단산의 쭉 뻗은 바위에 단층이 형성되어 특이하고 멋진 모습의 등산로가 형성되었다. 위험을 방지하기 위해 두꺼운 밧줄이 연결되어 있었지만, 바위가 미끄럽지 않아 밧줄을 잡지 않고도 안전하게 오를 수 있었다.

월라봉에 오를 때 긴바지를 입고 가서 후회한 것을 생각하고, 오늘도 무더운 날씨여서 가볍게 반바지를 입고 올라온 것이 실수였다. 단산은 찾아오는 사람이 많지 않아서 그런지 등산로가 좁고, 우거진 숲은 풀이 무성하고, 억센 풀줄기에 종아리가 긁혀서 오르기가 힘들었다. 아쉬웠지만, 어쩔 수 없이 등산을 포기하고 중간에 내려왔다. 그래도 야성미 넘치는 특이한 단산의 매력은 충분히 느꼈다는 생각에 서운한 마음을 달랬다.

올레길 8코스는 월평아왜낭목쉼터에서 대평포구로 이어지는 바당올레 코스다. 바다에서 밀려 내려온 용암이 굳으면서 절경을 빚은 주상절리와 사계절 다른 꽃을 피우는 예래생태공원을 지난다. 종점인 대평리는 자연과 어우러진 여유로움이 가득한 작은 마을로 안덕계곡 끝자락에 있다. 바다가 멀리 뻗어나간 넓은 들(드르)이라 하여 '난드로'라고 불리는 마을이다. 마을을 품고 있는 군산오름의 풍경 또한 아름답다.

　동쪽으로 차를 운전하며 '대평포구'로 들어서서 올레길 8코스 역방향으로 해안도로를 따라 드라이브했다. 포구에서 바라다보이는 박수기정이 오늘따라 더 선명하게 아름다운 모습으로 감탄사를 연발하게 했다. 아름다운 바다를 끼고 난드르로를 달려 하예포구를 지나고, '논짓물' 해변을 만났다. 논짓물은 용천수가 바다로 흘러나가며 바닷물과 민물이 만나 만들어진 천연 해수욕장이다.

　차를 타고 큰길로 나와 서귀포 시내를 달리다가 돔베낭골에 차를 주차하고 외돌개로 이어지는 올레길 7코스의 아름다운 해안산책길을 걸었다. 높고 고풍스러운 돌담 터널을 지나고, 아름다운 정원을 통과하면 아름다운 바다를 바라보며 걸을 수 있는 산책길이 나온다. 바다에 나간 할아버지를 기다리다 바위가 된 외돌개 할머니를 만나고, 황우지해변의 신비스러운 에메랄드 물빛의 황우지선녀탕을 끝으로 다시 돔베낭골로 되돌아 나왔다.

　서귀포 시내의 '대도식당'에서 특이한 김치복국으로 점심을 해결하고, 쇠소깍에서 제주올레여행자센터까지 이어지는 올레길 6코스인 '카페 허니문하우스'에서부터 역방향으로 걸었다. 허니문하우스의 전망대에서 보이는 바다는 문섬을 배경으로 뛰어난 풍광을 선사했다. 허니문하우스에서 이어지는 산책길로 통하는 서귀포칼호텔의 아름다운 정원은 넓은 잔디광장과 키 큰 야자수, 맑은 연못이 바다와 어우러져 이국정취를 물씬 풍겼다.

　호텔 앞 바다에 선 같이 우뚝 솟아올라 너른 벌판처럼 보이는 바위군

215

외돌개 황우지선녀탕

집의 거문녀해안을 만났다. 호텔 남쪽 바닷가에 있는 넓은 바위를 '검은여(거문녀)'라고 부른다. '여'는 썰물일 때는 드러나고, 밀물일 때는 물에 잠기는 바위, 또는 물속에 잠겨 보이지 않는 바위 등을 이르는 우리말이자 제주방언이다. 바위군집으로 이루어진 전체가 검다고 하여 유래된 것으로 보인다. 바위군집이 섬 같이 우뚝 솟아올라 너른 벌판처럼 형태가 특이했다.

다시 차에 올라 보목하수처리장으로 가서 그곳에서부터 바다로부터 불어오는 시원한 바람을 맞으며 해안 숲터널을 따라 걸었다. 한참 걸어가니 '소천지'와 정자가 나타났다. 소천지는 검은 바위에 둘러싸인 연못으로 백두산 천지를 축소해 놓은 것과 비슷한 모습이다. 날씨가 맑고 바람이 없는 날에는 소천지정자에서 소천지에 투영된 한라산을 촬영할 수가 있다고 한다. 해안산책로는 구두미포구로 이어지고, 포구 앞 가까이에 '섶섬'이 떡 버티고 서 있었다. 저 멀리 문섬과 밤섬도 보이고, 포구 동산에는 이런 이야기가 쓰여 있었다.

'옛날옛날 섶섬에는 소천지가 고향인 큰 귀 달란 새빨간 뱀이 살았답니다. 용이 되는 것이 소원인 뱀은 오랫동안 기도를 드렸지요. 기도에 감복한 용왕님이 "섬 동쪽 깊은 바다 속에 숨겨진 야광주를 찾아오면 용이 될 수 있을 거야."라고 하여 100여 년 동안이나 온갖 노력을 했으나 뱀은 야광주를 찾아오지 못하고, 10여 개의 알을 낳은 채 죽고 말았답니다. 이를 가엾게 여긴 용왕님이 뱀은 섶섬지기로, 10개의 알은 섶섬동자로 환생시켜 주었답니다. 이후로 섶섬과 그 주변에

소천지

는 자리돔과 파초일엽을 비롯한 각종 동식물이 번성하게 되었지요. 섶섬지기는 든든한 파수꾼으로 섶섬동자들과 함께 섶섬과 보목을 지키고 있어요. 섶섬지기를 향해 기도드려보세요. 섶섬지기가 가장 소중히 여기는 것을 지킬 수 있도록 도와줄 거예요.'

'섶섬지기 카페'에서 구수한 커피 한 잔 앞에 두고 상쾌하게 불어오는 바람과 함께 섶섬과 바다를 바라보며 휴식을 취했다. 차를 주차한 보목

검은여와 섶섬

하수처리장으로 돌아가기 위해 왔던 길로 되돌아가면서 아름다운 해안을 다시 한 번 천천히 즐겼다.

  올레길 코스 중에서 차를 타고 들어갈 수 있는 길을 달리다가 바다를 끼고 도는 해안도로를 만나기도 하고, 때로는 중간중간에 나무도 우거져서 시원하고 아름다운 숲터널 산책길을 찾아 걸었다. 낯선 것들이 새로운 설렘으로 다가오고, 아름다운 풍광을 즐기면서 드라이브도 하고, 때로는 걷는 재미가 정말 쏠쏠했다.

궷물오름과 애월환해장성

신비로운 이승악오름

대한민국에서 제일 높은 한라산

놀멍, 쉬멍 제주올레길 4, 5코스
— 큰엉해안경승지

덤으로 얻은 행운
— 동검은이오름, 새별오름

제주올레길 18, 19코스
— 별도봉, 닭머르

일출 명당 성산일출봉

제 5 부

여름휴가로 떠나는 제주여행(2)
― 대한민국에서 제일 높은 한라산

궷물오름과 애월환해장성

 오늘도 많은 비가 내릴 거라는 일기예보를 듣고 숙소를 나섰다. 다행히 비는 오지 않았지만, 제주의 멋진 풍경들은 자욱한 안개에 가려 잘 보이지 않았다.
 '궷물오름'을 오르는 중에는 비가 오락가락했으나 숲속으로 걸어 들어가니 나무가 우산이 되어 비는 우리에게 방해가 되지 않을 정도로 내렸다. 오름 정상에 다다르니 비는 그치고, 잠시 쉬면서 멋진 풍광을 배경 삼아 사진도 찍었다. 정상에서 볼 수 있는 큰노꼬메오름과 족은녹고뫼오름의 멋진 풍경들이 낮게 흘러가는 구름에 가려 잘 보이지 않는 게 아쉬웠지만, 보일 듯 말 듯 구름과 노니는 오름들의 모습도 신선계곡에 온 듯 나름대로 운치 있었다.
 궷물오름은 낮은 오름으로 쉽게 오를 수 있고, 족은노고뫼오름도 이곳을 통하여 올라갈 수 있다. 큰노꼬메오름도 족은노고뫼오름과 연결

궷물오름 정상에서

되어 있지만, 넓은 주차장이 마련되어 있는 큰노꼬메오름의 입구는 따로 있다. 구름이 노니는 오름들의 전경도 멋있었지만, 너른 초원과 연결된 아름다운 풍경이 구름에 가려 제대로 다 보이지 않아 아쉬움에 떨어지지 않은 발걸음을 다시 내리기 시작한 비가 재촉했다. 동행한 아들에게 좀 더 아름다운 풍광을 보여주지 못한 게 좀 안타까웠다.

　애월에 있는 칼국수 식당인 '면사무소'에 들러 바다를 바라보며 점심으로 해물칼국수와 흑돼지부추전으로 배를 채우고, 식당 맞은편에 있는 해안산책길을 걸었다. 애월의 바다에는 비도 멈추고, 맑은 날씨는 여행객들에게 예쁜 바다를 만끽하게 했다. 한참을 걷다가 바다 풍경이 멋진 카페 'jj그랑블루' 창가에 앉아 멍하니 바다를 바라보며 휴식을 취했다. 그림 같은 바다에는 서핑보드를 즐기는 사람들이 적당히 넘나드는 파도와 신나게 놀고 있었다.

카페를 나와 드라이브하다가 만난 '애월환해장성길'로 들어가 보았다. 환해장성環海長城은 제주도 전역에 있는 고려시대의 석축성곽으로 제주특별자치도 해안선 300여 리(약 120km)에 쌓인 석성을 말한다. 해안을 따라 높게 쌓아 놓은 돌담 같았다. 환해장성길은 계속 이어지고, 산책로는 사람들의 발길이 많지 않은 듯 보수가 안 되어 위험한 곳도 있었지만, 한적한 해안가의 돌길과 데크길을 걸어서 애월의 인기장소로 알려진 카페거리까지 산책했다.

카페거리는 젊은이들로 인산인해를 이루고 있었다. 2015년 '맨도롱 또똣'이라는 드라마촬영지로 유명한 '봄날카페'에 여행객이 늘면서 주위에 지디카페로 유명한 몽상드애월카페, 하이엔드 제주카페 등 멋진 바다 풍광을 자랑하는 카페와 맛집들이 성업 중이었다.

환해장성

카페거리에서 곽지해수욕장까지 이어지는 아름다운 '한담해변산책로'가 또한 여행객을 부른다. 바닷바람을 맞으며 산책하는 해안도로에서 보이는 애월의 바다도 예쁘고, 산책로도 깨끗하게 재정비하여 걷기 좋았다. 간간이 세차게 몸부림치는 파도가 산책로까지 날아와 물벼락을 맞기도 했다. 우리는 차를 주차해 놓은 환해장성로로 걸어서 되돌아왔는데 몸에 무리가 될 만큼 많이 걸었다.

제주에 올 때마다 한 번씩 들르는 '별오름 정육식당'에 가서 저녁으로 저렴하게 오겹살 돼지고기를 맛있게 구워 먹으며 원기를 보충하고 숙소로 돌아왔다. 돌아오는 길에는 운전하기가 힘들 정도로 안개가 자욱하여 앞차의 비상등만 겨우 보였다. 숙소에 도착하자마자 피곤함에 "역시 우리 숙소가 최고야"라는 말이 절로 나왔다.

쳇문오름과 애월환해장성

신비로운 이승악오름

숙소 근처에 있는 대정읍의 '안성리수국길'을 찾았다. 이곳은 200여 미터에 이르는 꽃길로 마을에 살고 계시는 노부부께서 돌담을 따라 심은 수국이 초여름에는 이 마을을 환하게 장식한다.

수국은 봄이 가고 여름이 찾아올 무렵인 5월부터 피기 시작한다. 수국은 마을 돌담과 감귤밭 사이 밭담을 따라 하양, 분홍, 보라, 자주, 남색 등 형형색색 여러 가지 색으로 피어 장관을 이루며 여행객을 불러들였다. 7월이라 수국은 조금 빛바랜 색으로 우리를 맞이했지만, 그래도 제주의 정다운 돌담과 어우러진 다양한 색상의 수국은 막바지 아름다움을 뽐내고 있었다.

수국길을 나와 '이승악오름'을 향하여 달리는 도로에는 오전인데도 안개가 자욱하여 바로 앞이 보이지 않았다. 모든 자동차는 비상등을 켜고 천천히 달렸고, 몽환적인 안개 속을 뚫고 달리는 기분도 여행지에서

이승악오름 전망대에서

맞는 새로움으로 생각하면 낭만적이었다. 키 큰 가로수가 줄지어 서 있고, 하얀 안개가 도로에 갇혀서 빠져나가지 못하는 형국이었다.

이승악오름 탐방휴게소에서 오름 입구까지 2.4km의 산책길이 너무 예뻤다. 동백나무 등 가로수가 잘 정비되어 있고, 양쪽으로 너른 초원의 목장들이 연이어 있다. 푸른 초원 위에서 한가로이 풀을 뜯고 있는 소들의 모습이 참 정다웠다. 초원과 산들이 어울려 그려내는 그림 같은 풍경이었다.

이승악오름주차장에 차를 주차하고 안내판을 보니 산책코스가 다양했다. 오름 정상으로 오르는 길에는 한라산둘레길도 이어지고, 신례천 생태탐방로도 이어졌다. 오름의 둘레길과 등산길이 활엽수와 삼나무로 둘러싸여 걷기 좋은 숲길이었다. 중간에 있는 숯가마 터를 만나고, 조금 더 걷다 보면 신비한 물이 고여 있는 '헤그문이소'를 볼 수 있다.

헤그문이소는 나무가 울창하고, 하천 절벽이 병풍처럼 둘러싸여 있어서 밝은 대낮에도 해를 볼 수 없다고 하여 붙여진 이름이다. 계곡 안으로 들어서면 융단처럼 깔린 넓은 암반이 펼쳐지는 입구부터 신비스러웠다. 큰 바위 사이로 들어가 내려다보니 헤그문이소에는 한낮인데도 어둠이 깔려 있었다. 병풍처럼 둘러쳐진 하천 절벽이 검푸른색으로 고여 있는 물과 함께 아름다운 한 폭의 산수화를 연출했다.

다시 뒤돌아 오름 정상으로 올라가면 전망대가 나온다. 전망대에서는 주위에 나무가 무성하니 시야를 가려서 사방이 훤히 보이지 않았지만, 나무들 사이로 보이는 풍경이 다채롭고 아름다웠다. 이승악오름은 산 모양이 삵(살쾡이)처럼 생겼다고 하고, 살쾡이가 서식한다고 하여 붙여진 이름이라고 전해진다. 표고 539m의 이승악오름 정상에서 내려다보면 성널오름, 사라오름과 함께 한라산까지도 조망할 수 있다.

이승악오름을 내려와 점심을 하려고 전에 들렀던 공천포구에 있는 '호꼼스넥'으로 갔다. 바다를 전망으로 정성스럽고 예쁘게 장식한 튀김을 맛있게 먹고, 해안도로를 따라 달리다가 서귀포 다이브센터가 있는 망장포를 만났다. 망장포에서부터 올레길 5코스의 바닷가 숲길을 걸었는데 파도소리 벗 삼아 시원한 그늘에서 걷는 기분이 정말 상쾌했다.

다시 자동차를 운전하고 가다가 '쇠소깍'을 만났다. 쇠소깍은 바닷물과 효돈천의 민물이 만나 형성된 곳으로 기다랗고

쇠소깍

깊은 웅덩이다. 용암이 흘러내리면서 굳어져 형성된 계곡으로 아름다운 바위와 나무가 어우러져 멋진 풍광을 자랑하는 독특한 지형이다. 쇠소깍의 쇠는 소, 소는 웅덩이, 깍은 끝이라는 뜻으로 소가 누워 있는 형상이다.

이곳 쇠소깍에서는 투명카약이나 테우를 타고 소나무와 어우러진 기암괴석의 절경 등 쇠소깍의 구석구석까지 감상할 수도 있고, 소나무 사이로 난 산책로를 걸으며 쇠소깍의 비경을 감상할 수 있다. 테우를 젓는 뱃사공이 보여주는 손님을 위한 멋진 서비스가 절벽 위의 산책길에서 구경하는 사람들까지도 흥겹게 했다.

쇠소깍에도 전설이 있다. 약 350여 년 전 부잣집 무남독녀와 그 집 머슴의 아들이 서로 연모하였으나 신분상의 문제로 연을 맺지 못하자 총각은 쇠소깍 상류에 몸을 던져 자살했다. 이를 안 처녀는 남자의 죽음을 슬퍼하고 시신이라도 수습하게 해달라며 쇠소깍 기원바위에서 100일 동안 기도를 드렸다. 이 기도가 받아들여졌는지 많은 비가 오면서 총각의 시신이 떠내려왔다. 처녀는 총각의 시신을 안고 울다가 같은 장소에 몸을 던져 죽었다. 그래서 하효마을에서는 마을 동쪽에 있는 동산에 당을 마련하고 마을의 무사 안녕을 기원하며 제를 올린다고 한다.

하효항을 바라보며 다시 해안도로를 달리다가 전망 좋은 '카페 게우지코지'를 만났다. 카페는 정원이 잘 가꾸어져 있었고, 카페 앞 해안절벽에는 예쁜 '게우지코지'와 다정한 '모자바위'가 풍경을 더해주었다. 카페 2층 창가에 앉아 빨간 등대와 하얀 등대가 보이는 하효항의 바다가 어우러진 게우지코지, 생이돌(모자바위)을 감상하며 차를 마시는 기분에 오늘의 피로를 풀었다.

개우지코지는 전복 내장을 일컫는 게옷을 말하는 것으로 추정되고, 이곳의 형상이 전복 내장과 같은 모양이어서 붙여진 이름이다. 기암들이 엮어내는 경치와 탁 트인 전망이 아름다운 곳으로 게우지코지 바로 옆 서쪽에는 커다란 두 개의 암석으로 이루어진 모자바위가 있다. 이 모자바위는 바다 철새들이 쉬는 곳이라 하여 '생이돌'이라고 불렸으며 생이는 제주어로 새를 말한다.

오늘도 신비스러운 오름의 숲길을 걷고, 예쁜 바다를 바라보며 드라이브하고, 맛있는 음식도 먹고, 전망 좋은 카페에서 쉬기도 하며 즐거운 하루를 보냈다. 행복한 마음으로 대정읍 구억리에 있는 숙소로 돌아가는 깜깜한 도로에는 여전히 안개가 자욱했지만, 오히려 더 낭만적이었다.

게우지코지와 생이돌(모자바위)

대한민국에서 제일 높은 한라산

한라산은 제주도의 어느 위치에서든 우리의 눈을 사로잡는다. 제주도 전역을 지배하는 한라산은 우리 대한민국에서 제일 높은 산으로 높이는 1,947.3m이다. 한라산이라는 이름은 산이 높아 산정에 서면 은하수를 잡아당길 수 있다는 뜻이라고 한다. 『동국여지승람』에 1002년과 1007년에 분화했다는 기록이 남아 있는 한라산 정상에는 지름이 약 500m에 이르는 화구호인 '백록담'이 있다.

한라산 등산코스는 크게 7개의 코스로 이루어져 있다. 성판악과 관음사탐방로는 한라산 정상인 백록담을 최종 목적으로 하며, 사전 예약을 해야만 오를 수 있다. 사전 예약 없이 오를 수 있는 어리목, 영실, 돈내코탐방로는 남벽을 분기점으로 하여 윗세오름이 목적지다. 그 외 어승생악, 석굴암탐방로가 있다.

'성판악탐방로'는 1992년 봄과 2004년 겨울, 두 번에 걸쳐 등반했었다. 한라산 동쪽 코스로 한라산탐방로 중 가장 긴 9.6㎞이며 편도 5시간이 소요된다. 2004년 1월 1일 새해 아침, 하얗게 눈 덮인 한라산 등반은 전주의 어느 산악회를 따라 올랐었다. 산악회 회원들과 남편, 나, 그리고 초등생 아들과 같이 성판악에서 오전 7시 30분에 출발했다. 산악회원 소속도 아니고, 겨울등반에 경험이 없었던 우리 가족은 아이까지 동반하여 일행과 점점 멀어지면서 많이 뒤처지기 시작했지만, 그래도 다행히 진달래밭대피소 통제시간에 겨우 통과했다.

헉헉대며 열심히 일행을 뒤따라갔지만, 눈보라가 몰아치고 한 치 앞이 보이지 않는 백록담에 오르는 계단 아래에서 시간이 늦었다며 통제당했다. 우리는 그렇게 어렵사리 올라와 백록담을 코앞에 두고 아쉬워서 도저히 되돌아설 수가 없었다. 남편이 "무슨 일 일어나지 않게 내가 책임질 테니 올라가겠다."라며 반협박조로 관리인을 설득하고 겨우 오를 수 있었다.

눈보라가 휘몰아치는 층계를 서두르는 중에도 조심스럽게 올라 드디어 도착한 한라산 정상에서는 휘날리는 눈송이 외에는 아무것도 보이지 않았다. 백록담은커녕 희미하게 보이는 한라산 정상에 있는 표지석에 플래시를 비추어 기념사진만 한두 컷 찍고 서둘러 내려와야 했다. 우리는 그렇게라도 한라산 정상을 밟고 내려온 게 어디냐고 가슴 뿌듯해하며 하산하기 시작했다.

산악회 일행은 일찌감치 관음사탐방로 코스로 내려갔지만, 우리는 관음사탐방로는 초행길이라 오던 길로 다시 내려올 수밖에 없었다. 진달래밭 대피소에 도착하니 기다려주던 관리인은 무사히 내려온 우리를

한라산

보고 안도하는 기색으로 반기었다. 걷고 또 걸어 지친 몸으로 오후 5시 30분경 어둑해져서야 성판악에 도착한 우리는 그제서야 안도의 한숨을 내쉬었다.

일행과 떨어져서 어쩔 수 없이 택시를 타고 숙소 앞에서 내리니 다리에 힘이 풀려 걸을 수 없을 정도였다. 숙소에 도착하니 일행은 벌써 저녁도 마치고, 개운하게 몸도 씻고 각자 휴식 중이었다. 그날의 한라산 산행은 정말 힘들게 다녀왔지만, 지금도 또렷이 기억나는 보람되고 행복한 추억이다.

성판악탐방로는 해발 750m에서 출발하여 속밭대피소, 사라오름입구, 진달래밭대피소를 지나 정상까지는 백록담 정상을 제외하고는 대부분 숲으로 형성되어 있다. 대체로 완만한 경사를 이루어 산림욕을 하며 등반하기에는 어렵지 않으나, 경사가 완만한 만큼 실제 이동 거리는 관음사탐방로보다 긴 왕복 19km 이상을 걸어야 하므로, 그저 쉽게만 볼 수는 없는 코스로 체력조절을 잘해야 한다.

성판악탐방로 5.8km 지점에 있는 사라오름전망대에서 산정호수와 한라산의 아름다운 경관을 감상할 수 있다. 탐방로에서 보이는 아름답고 신비로운 자연의 모습과 오름군락이 우아하게 펼쳐지고, 넓게 분포된 한라산 자생지인 구상나무 숲이 이채로웠다.

한라산 정상에 올라 총 둘레 약 3km, 동서길이 600m, 남북길이 500m인 타원형 화구가 높이 약 140m의 분화벽으로 사방이 둘러싸여 있는 '백록담'을 볼 수 있었으면 얼마나 좋았을까? 백록담을 눈으로 담고, 또 카메라에 멋진 분화구 사진 한 장 건졌다면 피곤은 싹 사라지고, 가벼운 마음으로 하산할 수 있으리라. 내려올 때는 올라올 때와 달리 관음사탐방로 코스로도 가능하다.

한라산 북쪽 코스인 '관음사탐방로'는 계곡이 깊고 산세가 웅장하다. 해발고도 차이가 커서 한라산의 진면목을 볼 수 있다. 성판악탐방로와 더불어 한라산 정상인 백록담을 오를 수 있는 8.7㎞의 탐방로가 편도 5시간 정도 소요될 정도로 한라산 탐방로 중 제일 어려운 코스다. 전문 산악인들이 즐겨 찾는 탐방로이며, 성판악 탐방객들도 하산할 때 주로 이 코스를 이용한다.

관음사지구 야영장을 출발하여 숲길을 따라 30여 분 올라가면 제주도 내 동굴 중 가장 높은 곳에 있고, 동굴동물과 박쥐의 집단서식지로 학술가치가 높은 구린굴이 나온다. 구린굴에서 또 30여 분 걸으면 탐라계곡이 나오고, 계곡을 지나 능선을 오르면 울창한 숲으로 이루어진 개미등을 만난다. 이 개미등에서 50여 분 올라가면 드디어 울창한 숲을 벗어나 하늘을 볼 수 있는 삼각봉에 다다른다.

삼각봉은 화산폭발로 빚어진 기묘한 바위가 웅장한 형태로 우뚝 서 있다. 고사목이 많이 보이는 신비스럽고 아름다운 경관을 감상할 수 있다. 삼각봉대피소를 지나 계곡을 내려가면 용진각계곡이 나오는데 호흡이 거칠어질 정도로 경사가 가파르고 힘든 코스다. 이곳에서 2시간 정도 걸으면 비로소 백록담을 볼 수 있는 해발 1,950m 한라산 정상에 서게 된다.

'어리목탐방로'는 해발 970m에서 시작하여 어리목계곡, 사제비동산, 만세동산, 윗세오름대피소, 해발 1,700m의 남벽순환로를 거쳐 남벽분기점까지 이어지는 총 6.8km의 탐방로다. 편도 3시간 정도 소요되고, 비교적 오르기 쉬운 코스여서 한라산을 찾는 탐방객들이 가장 많이 이용하는 탐방로다.

이 코스는 최근에 셋째 딸과 사위, 외손자와 나, 넷이서 같이 등반했다. 경사가 가파른 사제비동산 구간은 주로 계단으로 되어 있어 다소 힘들었다. 우리 일행에는 6세의 외손자가 동행하여 중간마다 앉아서 쉴 수 있는 조그마한 평상에 앉아서 쉬어가면서 천천히 올라갔다.

늦은 시간에 출발한 우리는 오르는 중간에 배낭에 넣어 가지고 온 김밥으로 점심을 먹고, 사제비샘에서 시원한 샘물도 마시며 목을 축였다. 만세동산구역에서 윗세오름대피소까지는 평탄하지만, 돌길이어서 걷기에 다소 힘들기도 했다. 6세의 외손자가 해발 1,700m의 고지에 오르면서도 힘들다고 하지 않고, 즐겁고 신나게 산행하는 모습이 너무 기특하고 대견했다.

윗세오름대피소를 지나 남벽분기점까지는 완만하게 능선을 이루고 있다. 고산평원으로 쉽게 걸으면서 백록담 남쪽의 깎아지른 수직 절벽인 한라산 정상의 남벽을 볼 수 있다. 세 개의 방애오름이 연이어 펼쳐지는 한라산의 아름다운 풍광을 마음껏 눈에 담았다.

하산은 돈내코와 영실탐방로로도 할 수 있지만, 우리가 타고 온 자동차가 어리목주차장에 있어서 다시 어리목으로 내려왔다. 어린 손자가 있어서 천천히 하산하여 주차장에 도착하니, 주차장에는 우리 차 한 대만 덩그러니 남아 있었다.

'영실탐방로'는 영실관리사무소 해발 1,000m에서 영실휴게소까지

한라산 1700고지 윗세오름대피소

영실코스 윗세오름 전망대에서 본 한라산백록담

2.5km의 자동차도로가 있는데, 이 구간은 차를 타고 들어가도 되고, 숲길 그늘이어서 걸어 올라갈 수도 있다. 주말이나 탐방객이 많이 찾는 계절에는 영실주차장이 협소하여 차로 들어갈 때 많이 밀리기도 한다.

해발 1,280m의 영실휴게소에서 남벽분기점을 지나 해발 1,700m의 윗세오름대피소까지 5.8km의 탐방로이며, 편도 2시간 30분 정도 소요된다. 영실코스는 4년 전 친구들과 같이 올랐었다. 영실계곡에서 병풍바위까지는 가파른 계단으로 햇볕을 받으며 올라가야 하는 어렵고 힘든 코스가 있지만, 경사가 비교적 급한 영실분화구 능선을 제외하고는 대부분 평탄한 지형으로 탐방이 쉬운 편이었다.

영실탐방로는 '영주십경' 중 하나로 영실기암의 아름다운 자태가 우리의 눈을 즐겁게 했다. 숲속에서 노루가 뛰어노는 모습도 운 좋게 볼 수 있었다. 아름다운 소나무 숲을 지나 현무암 용암류가 만들어낸 돌탑이 성벽을 이루며 분포되어 있고, 아고산식물의 천국인 선작지왓을 걸을 수 있다.

남북순환로 고산평원의 노루샘에서 용출되는 시원한 물을 마시고, 천국 같은 평원을 걷는 기분으로 윗세오름대피소에 도착했다. 삼삼오오 짝을 지어 음식을 먹고 있는 무리에 우리도 같이 앉아 배낭에 넣어 온 김밥과 다과를 먹고 있는데 주위에 모여든 까마귀 떼들이 제법 위협적으로 다가오기도 했다. 윗세오름대피소에서는 돈내코와 어리목, 영실로 하산할 수 있다.

'돈내코탐방로'는 서귀포시 돈내코유원지 상류에 위치한 탐방안내소 해발 500m에서 시작한다. 평궤대피소까지 완만한 오르막을 지나

1,600m까지 이어지는 평탄지형의 남벽분기점에 오르면, 한라산백록담 화구벽의 웅장한 자태를 한눈에 볼 수 있다. 해발 총 7km의 탐방로이며, 편도 3시간 30분 정도 소요된다. 윗세오름과 연결된 남벽순환로를 따라가면 어리목과 영실탐방로로도 하산할 수도 있다.

'어승생악탐방로'는 어리목탐방안내소 옆에 입구가 있고, 자연 생태가 잘 보전되어 있어 자연학습 탐방로로 활용되고 있으며, 가벼운 등산을 원하는 사람들이 많이 찾는 곳이다. 어승생악 정상까지는 1.3km로 탐방 소요시간은 편도 약 30분이다. 해발 1,169m 어승생악 정상에는 1945년 당시 만들어진 일제 군사시설인 토치카가 남아있다. 토치카 내부는 아직도 견고하여 5~6명이 설 수 있는 공간이 있다. 날씨가 맑은 날에는 추자도, 비양도, 성산일출봉이 한눈에 내려다보인다.

'석굴암탐방로'는 천왕사 입구에서 삼나무숲길을 따라 10여 분 걸으면 나오는 국립제주호국원 주차장에 차를 주차하고 오른다. 석굴암 암자까지 걷는 탐방로로 편도 1.5km에 50분이 소요된다. 아흔아홉 골에 위치하여 골짜기와 산세가 뛰어난 석굴암탐방로는 도심에서 벗어나 가볍게 등산을 원하는 탐방객들이 많이 찾는 코스다. 한라산 깊은 계곡의 소나무와 활엽수가 울창한 숲 사이로 불어오는 바람은 도심 속의 찌든 때를 씻어 주기에 더없이 안성맞춤인 곳이다.

한라산은 지금 '조릿대'의 잠식으로 다양한 식물이 자라나지 못하여 자연생태계가 파괴될 위기에 있다. 조릿대는 지표를 낮게 덮는 지피식물로 성장이 빠르고, 무리를 지어 자라면서 윗세오름까지 점령하며 철쭉 같은 키 작은 나무를 에워싸고 있다. 제주의 보물 중 보물인 한라산

한라산 정상에서 본 운해와 새해 일출

의 자연생태계가 파괴되지 않기를 바라는 마음이다.

　제주에서는 어디를 가나 우뚝 서 있는 한라산 자락이 길게 펼쳐지며 아름다운 자태를 들어내고, 우리에게 어서 오라고 손짓한다. 다양한 코스로 오를 수 있는 한라산 탐방 외에도 제주의 역사와 문화, 생태, 경관 등 자원을 만날 수 있는 신비스럽고 아름다운 숲길과 걷기 좋은 길로 한라산둘레길 코스도 다양하다. 제주에서는 어디를 가든 자연경관이 예술이다.

놀멍, 쉬멍 제주올레길 4, 5코스
─ 큰엉해안경승지

오늘은 표선해수욕장의 눈부신 백사장에서 시작되어 남원포구까지 이어지는 '해안올레길 4코스'를 만났다. 길이 19km로 걸어서 5~6시간 코스지만, 차가 들어갈 수 있는 해안도로를 구석구석 다 들어가면서 아름다운 코스를 골라 걷기로 했다.

물이 빠져나가는 간조여서 표선해수욕장은 드넓은 백사장을 하얗게 드러내고 있었다. 한쪽 해변의 야영장에서는 캠핑족들이 갖가지 모양의 텐트에서 오순도순 즐거운 한때를 보내고 있었다. 상가 골목을 지나 당케할망의 전설이 있는 당케포구에서 바닷길로 이어지는 '거우개'를 걸었다. 울퉁불퉁 검은 자갈길을 걸으며 해녀상을 만나고, 환해장성을 만나고, 봉수대도 만났다.

민속해안로를 달리다가 물이 빠져나간 썰물 때는 넓은 습지가 되어 테우도 맬 수 있었다는 '갯늪'을 지나서 예쁜 카페 '해비치불턱'을 만났다. 시원한 애플망고빙수를 시켜놓고, 편안한 의자에 몸을 기대어 앉아서 물빛 좋은 바다를 바라보며 낭만의 휴식을 즐겼다.

해녀 탈의장을 지나 바다의 앞부분이 가느다랗다고 하여 이름 붙인 '가느개'를 건너면 어촌마을 세화2리다. 세계 최초의 전문직 여성으로 불리는 제주 해녀들이 바닷가로 오르내리던 길인 '가마리개'를 건너고, 마을 골목과 해변을 걷다가 바다 숲길과 돌길을 만났다. 이 길은 끊어진 바닷길을 해병대 장병들의 도움을 받아 35년 만에 복원해서 이어놓았다고 한다. 이런 길을 '해병대길'이라 부르며 제주 올레길 곳곳에서 만날 수 있다.

적당한 바람도 불어오고 그늘 속에서 걸을 수 있는 숲터널을 지나면 농협은행 제주수련원의 아름다운 정원이 반갑게 맞이한다. 의자에 앉아 바다를 바라보며 피로도 풀고, 수련원 정원에 매달려 있는 아주 높은 그네에 앉아 힘껏 타 보는 재미도 누렸다. 이곳 수련원에서는 올레꾼들을 위해 정원도 개방하고, 외부에서 드나들 수 있는 화장실도 제공하고 있다.

농협수련원에서 다시 해병대길을 지나 바닷가 숲길로 들어서니 '하영사랑해' 등의 사랑을 표현하는 플래카드가 보였다. 하영은 제주어로 '많이'라는 뜻이다. 소망전구를 매달아 놓은 숲터널 위를 올려다보면 울창한 나무들 사이로 하트가 반짝이며 서로서로 사랑하는 마음을 전해주고 있었다.

소망터널을 지나 '소노캄호텔' 정원으로 들어가서 다시 한 번 아름다운 정원을 즐길 수 있었다. 마침 소노캄의 정원에서는 야외결혼식 준비

거우개는 해안선에 면해 있어 마치 포구 같은 인상을 준다고 붙여진 이름이다. 예전에는 염전을 조성해 소금을 생산했던 곳이다.

가 한창이었고, 파란 잔디와 이국적인 야자수, 맑은 연못과 푸른 바다, 새파란 하늘을 배경으로 환상적인 풍경을 선사했다.

토산포구에서 마을길로 들어서는 올레길에는 송천을 지나 신흥1리 마을로 이어지며 먹음직스러운 감귤밭이 정겹다. 덕돌포구에서 예쁜 바닷길을 만나고, 드디어 올레 4코스의 종점인 남원포구의 태흥2리 쉼터에서 올레안내소를 만났다.

표선면 가시리에 있는 '가시식당'에서 늦은 점심으로 두루치기와 몸국으로 배를 채웠다. 두루치기를 시키면 채소와 같이 버무려 먹는 고기 맛도 좋지만, 곁들여 나오는 몸국 맛이 일품이었다.

'올레길 5코스'는 남원포구에서 민물과 바닷물이 만나는 쇠소깍까지 이어지는 바당올레와 마을올레다. 이 올레길도 바다에 묻히고 사라져 끊어진 바당올레길 3곳을 남원읍과 해병대의 도움을 받아 복원했다.

남원포구에서 차를 타고 우리나라에서 가장 아름다운 산책로로 꼽히는 '큰엉해안경승지'까지 달렸다. 제주올레 5코스에서 만나는 큰엉해안경승지는 '한반도지도 포토존'으로 유명하다. 제주어로 큰 언덕의 뜻인 큰엉은 해안절벽 1.5km의 숲터널 해안길을 걷는 동안 독특한 바위와 바다가 만나 펼쳐지는 아름다운 해안절경을 볼 수 있다.

산책로 양옆에는 제주도에서 자생하는 나무가 터널을 이루어 운치를 더해주었는데, 신기하게도 그 나무 사이로 하늘과 땅, 바다와 나무가 절묘하게 어우러져 한반도 모양의 지도가 나타난다. 해안절벽에서는 인디언추장얼굴바위도 보이고, 쇠 떨어지는 고망이라는 우렁굴도 만났다. 호랑이가 입을 크게 벌리고 있는 호두암바위가 있고, 호두암 아랫부분

큰엉해안경승지 한반도지도

놀멍, 쉬멍 제주올레길 4, 5코스

에 유방과 비슷한 모양의 유두암도 있다. 바람과 노니는 파도가 해안절벽에 부딪히면서 만드는 물보라가 또한 비경을 연출했다.

큰엉을 지나서 만나는 바닷길은 울퉁불퉁 바위 같은 돌길이었다. 돌길을 지나면 다시 숲터널이 나오고, 다시 바닷길과 숲터널이 반복되었다. 위미2리 어촌계의 '태웃개'에서는 단물의 용천수가 솟아 나와 바닷물이 싱거워진다는 '싱그물'을 볼 수 있다. 태웃개를 지나서 올레길 중간 스탬프가 있는 '위미 동백나무군락지'를 만났다. 맑은 날씨에 아름다운 풍광을 볼 수 있어서 이보다 더 좋을 순 없었지만, 태양이 내리쬐는 바닷길의 더위에는 바위에 부딪히는 파도소리 벗 삼아 시원함을 달래줄 수밖에 없었다.

위미에서 다시 차를 타고 올레길을 따라 달렸다. 감귤농장도 보이고, 먼나무 가로수가 보이는 마을길을 지나서 위미항 근처에 있는 '조배머들코지'에 들렀다. 이곳 마을에는 거암괴석이 있는데 일제 강점기 때 이 거석으로 인해 마을의 번영과 훌륭한 인재가 나올 수 있다고 믿었던 일제의 계략에 의해 폭파되었다. 그 뒤 주민들이 부서진 석면들을 주워 모아 복원해놓은 기묘한 거석이 있는 곳이다.

바당길을 걸어서 용천수가 흘러 나와 담수욕을 할 수 있는 '넙빌레'도 만났다. 건축학개론 영화에 나왔던 '서연의 집'이 카페로 변신하여 운영 중이었고, 공천포구 마을 입구에서 만난 '호끔스넥'이 우리를 유혹했다. 너무 예쁘게 장식되어 먹기 미안했지만, 바다를 감상하며 먹는 튀김 맛이 일품이었다. 신례천을 지나 서귀포 다이브센터가 있는 망장포로 가서 숲터널을 잠깐 걸었다. 예촌망을 지나고, 마을의 감귤밭을 지나 다

호꼼스넥

다른 쇠소깍에는 유명 관광지여서 사람이 참 많았다.

　며칠 전에 딸이 제주에 와서 합류하기로 했었는데 갑자기 일이 생기는 바람에 제주 일정을 취소했었다. 그런데 갑자기 제주바다를 바라보며 저녁이라도 같이해야겠다며 제주행 비행기를 탔다고 알려왔다. 공항으로 가서 딸을 마중하고, 뜻하지 않은 방문에 신이 난 우리는 제주흑돼지 오겹살로 저녁 만찬을 즐기고, 외도 밤바다가 보이는 카페 '외도 339'의 야외의자에 앉아서 회포를 풀었다.

　카페는 화려한 조명으로 분위기를 살리고, 야외에서는 삼삼오오 정겨운 모습으로 앉아 이야기꽃을 피우는데 즐거운 잔칫집 기분이었다. 바다에는 수많은 오징어 고기잡이배의 불빛이 훤하게 비추고, 바다내음 실은 바람이 시원하게 불어와 무더운 열대야도 날려버리며, 갑자기 찾아온 딸의 제주여행을 축복했다. 오늘도 놀멍, 쉬멍 행복한 제주여행의 묘미를 즐겼다.

덤으로 얻은 행운
— 동검은이오름, 새별오름

오늘은 제주여행을 마치고 전주로 돌아가는 날이라 짐을 챙기고, 지인 찬스로 사용한 숙소를 깨끗하게 정리하느라고 새벽부터 부산을 떨었다. 서울로 돌아가야 하는 큰딸을 제주공항에 데려다주고, 나와 아들은 오전 9시 배를 타려고 성산항으로 달렸다.

숙소인 대정읍 구억리에서 제주공항으로, 공항에서 성산항으로 달리는데 아침 출근 시간이어서 그런지 도로에 차가 밀리고, 신호등에 자주 걸리다 보니 예정 시간보다 많이 걸렸다. 제주도로의 신호체계가 조금 실망스러울 정도로 연계가 되지 않았고, 직진도로에서도 계속해서 빨간불이 반복되었다.

늦어도 선박 출항시간 20분 전에는 차를 배에 선적해야 하는데 우리는 5분이 늦어 차를 선적하지 못했다. 우리가 타려고 하는 '선라이즈제

성산일출봉

　'주호'는 할인기간이라 거의 반값에 이용할 수 있었는데 다음 날은 운행이 없는 날이었다. 덕분에 배표를 이틀 뒤로 미룰 수밖에 없었고, 제주에 2일을 더 머물기로 했다.
　늦을까 애를 태우며 달려온 마음을 진정시키고, 생각을 정리하려고 성산항 근처의 '카페더라이트'에 들렀다. 카페에서 바라다보이는 전망은 그야말로 황홀 그 자체였다. 바로 앞에 기암 절경의 성산일출봉이 딱 버티고 있었고, 비췻빛 예쁜 바다 가까이에 우도가 평화스럽게 쉬고 있었다.

동검은이오름

　구수한 커피내음 맡으며 바라다본 아름다운 풍광에 심란하던 마음이 사라지고, 오히려 전화위복으로 삼자고 마음을 달랬다. 다행히 배표 취소 수수료도 물지 않고 연기되었고, 하는 일에 큰 지장 없이 이틀을 더 여행할 수 있음에 감사하기로 하니 마음이 훨씬 가벼워졌다.
　해맞이해안로의 맛집 '바보라면(바다가 보이는 라면)'에서 통통한 문어 다리가 들어 있는 해물라면으로 맛있게 점심을 먹고 '동검은이오름'에 올랐다. 오름을 찾아가는 길은 좀 복잡했다. 구좌읍공설묘지 입구에서 들어가면 포장된 농로가 나오고, 높은오름 입구를 지나고 비포장도로가 이어졌다.

　길가에 무성하게 자란 풀줄기에 차체를 긁히면서 한참을 쭉 가다 보니 동검은이오름 입구가 나왔다. 바로 앞쪽으로는 문석이오름이 있다. 잘 알려지지 않은 오름이어서 그런지 주차장은 따로 없었으나 입구 바로 앞에 잘하면 차량 2~3대는 주차할 만한 장소가 있었다.

　오름 입구부터 경사가 있었으나 양쪽에 밧줄이 있어 힘들 땐 잡고 올라가나 도움이 되었다. 시원한 바람이 불어와 한여름 더위에 오름 오르기가 훨씬 수월했다. 정상에서는 사방으로 훤히 트이고, 그림 같은 풍광이 펼쳐졌다. 안쪽으로는 멋스런 분화구가 깊숙이 자리 잡고 있었다.

　오름의 바다라고 해도 좋을 정도로 수많은 오름이 사방으로 둘러쳐져 있었다. 바로 앞에 높은오름, 문석이오름, 왼쪽에 백약이오름, 아부오름, 오른쪽으로 다랑쉬오름, 용눈이오름 등 한폭의 수채화처럼 오름 병풍이 쫘악 펼쳐졌다.

　가슴 속까지 시원한 바람을 맞으며 눈앞에 펼쳐진 오름군락과 평화로운 목장, 곶자왈 등 숲의 향연에 그저 감탄사만 연발했다. 오름 능선을 따라 한 바퀴 돌면서 풍광을 감상하노라니 황홀한 마음이었다. 아름답게 펼쳐지는 동검은이오름의 전망이 오름 중의 으뜸이라 아니 할 수 없으리라.

　오름을 내려와 되돌아가는 길은 왔던 길의 반대 방향의 백약이오름 주차장이 있는 곳으로 갔다. 비포장의 농로가 있었지만, 도로 가운데가 봉긋하게 튀어나와 풀이 무성하고, 차가 지나간 자리는 움푹 파여 있어서 울퉁불퉁 차가 지나가는데 쉽지 않았다. 동검은이오름이 정말 아름

새별오름

다운 오름인데 찾아가기가 쉽지 않아 사람들이 잘 찾지 않는 모양이지만, 백약이오름 주차장에 차를 주차하고 조금 더 걸어서 들어가는 방법이 수월할 수도 있겠다.

더위도 피하고 휴식을 위해 신촌포구에 있는 '카페다제주'에 들어갔다. 카페 입구부터 고풍스러운 돌담에 담쟁이넝쿨까지 분위기를 더했다. 2층에 앉아 포구와 방파제, 바다를 바라보며 아들과 정다운 이야기도 나누고, 간간이 생각나는 글도 쓰면서 여행의 묘미를 즐겼다.

그동안 대정의 숙소에 오가며 새별오름이 보이는 1135도로를 여러 번 달렸었지만, 구름이나 안개에 가려 잘 보이지 않던 새별오름이 오늘은 오랜만의 맑은 날씨라 선명하게 보였다. 이 기회를 놓칠 수 없어서 우리는 새별오름으로 향했다. 여름이라 아직 대가 올라오지 않은 억새동산의 푸르름이 너무 선명하고 아름다웠다. 오름의 왼쪽으로 올라가려 하는데 손님을 대가하고 있던 택시기사가 오른쪽으로 올라가는 게 더 풍경도 좋고 오르기도 편하다고 알려주었다.

안전하게 깔아놓은 매트를 밟고, 주변의 넓은 골프장과 훤히 트인 풍광을 감상하며 오름의 오른쪽으로 올라가는데 왼쪽으로 오르는 것보다 경사도도 낮고 훨씬 수월했다. 오름에 오르니 곧 일몰의 시각이었다. 오름 정상에서 선명하게 보이는 한라산과 오름 등 주변의 경치를 감상하며 일몰을 기다렸다.

해는 서서히 내려오고, 새별오름에서 맞이한 일몰의 순간에 불그스름한 태양을 받은 황혼의 한라산 정경에 감탄사가 절로 나왔다. 주변을 환하게 밝히며 수평선을 향해 내려오던 태양은 정렬적으로 주위를 빨갛게 물들이더니 그만 바다에 풍덩 빠져버리곤 어스름한 저녁을 선사했다.

오늘은 집으로 돌아가는 배를 놓쳤으나 덕분에 여행이 이틀이나 연장되었고, 또 하나의 매력적인 동검은이오름을 알게 되어 너무 좋았다. 장마철이라 비가 오거나 안개에 가려 잘 보이지 않던 새별오름이 선명하게 보이고, 오름에 올라 아름다운 일몰까지 보게 되었으니, 오늘은 배를 놓친 불운의 날이 아니라, 오히려 전화위복의 매력을 톡톡히 느꼈던 행운의 하루였다

새별오름 정상에서 본 석양의 한라산

제주올레길 18, 19코스
— 별도봉, 닭머르

어제 배를 놓쳐서 이틀을 연장하는 바람에 지인 찬스의 숙소가 하루 모자랐다. 숙소에서 찐 계란과 빵으로 아침을 해결하고, 내일의 배 출발 시간에 늦지 않기 위해 성산항 근처에 숙소를 정하고 성산 방향으로 출발했다.

제주 원도심에서 시작해서 조천까지 가는 '올레길 18코스'를 따라 달렸다. 제주지역의 여성 거상 '김만덕 객주터'를 지나 사라봉을 만나고, 대형 유람선이 오고 가는 제주항연안여객터미널을 볼 수 있었다. '별도봉(베리오름)' 주차장에 차를 주차하고 오름에 오르니 제주시내에 있어서인지 산책로가 잘 정비되어 있었다. 제주 시내의 보석 같은 사라봉과 우뚝 서 있는 알오름, 바다와 항구가 어우러진 모습이 정겨웠다.

제주 4.3사건 당시 마을 전체가 불에 타서 없어지고 흔적만 남아서

돌과 나무 오름올레

잃어버린 마을인 '곤을동'을 숙연한 마음으로 지나고, 카페 '돌과 나무 그리고 오름올레'를 만났다. 돌을 다듬어 여러 가지 모형을 만들고, 돌 모형에 나무를 심어 아름다운 돌공원을 만든 돌할아버지의 정성이 마음에 전해왔다. 화북포구 근처에 있는 별도환해장성을 따라 걷다가 화북별도연대의 봉수대 위에 올라 바다를 바라보았다. 이 좁은 곳에서 바다를 지키며 서 있었을 군인들이 상상되었다.

시비코지

　검은 모래 해수욕장인 '삼양해수욕장'을 지나 올레길 18코스의 절정인 시비코지에서 닭머르로 이어지는 아름다운 비경을 선사하는 바당길을 걸었다. 남생이 못을 지나 주차했던 곳으로 와서 차를 타고 신촌포구를 지나 우연히 발견한 '조반물국수전문점'에서 점심을 먹었는데 참 맛있었다.

　조천읍에 있는 '조천진성'을 만났다. 타원형의 성곽으로 조선시대 때 왜구를 방어하기 위해 설치된 군사시설이다. 성벽 돌계단에 올라서니 북쪽에 있는 임금님에게 충절의 뜻을 기리던 '연북정'이 있다. 유배되어 온 사람들이 제주의 관문인 이곳에서 한양의 기쁜 소식을 기다리며 북녘의 임금에 대한 사모의 충성을 보낸다고 하여 붙여진 이름이다. 제주 바다가 한눈에 들어오고, 옹기종기 모여 있는 전형적인 어촌마을 풍경이 정겹고 아름다웠다.

조천에서 시작하여 김녕까지는 '올레길 19코스'다. 제주항일기념관을 지나 해안도로를 따라 달리다가 카페 '바람과 바다'를 만났다. 차를 마시며 휴식을 취하다 전망대가 있는 해변으로 나가 산책했다. 이곳은 관곶 지역으로 해남 땅끝마을에서 제주를 잇는 가장 가까운 포구이자 제주의 관문이었던 곳으로 제주의 노을명소다. 신흥리 방사탑을 지나 다다른 함덕해수욕장의 유난히 빛나는 에메랄드빛 바다와 넓은 모래사장에는 많은 사람이 여행을 즐기고 있었다.

제주 4·3사건 당시 가장 큰 피해를 당했던 북촌마을의 '너븐숭이' 일대에 도착했다. 봉긋하게 솟아오른 바위가 넓게 펴져 있다 해서 마을 사람들이 넓은 돌밭을 뜻하는 너븐숭이라고 불렀는데 이곳에는 희생자들을 기리기 위해 조성된 '너븐숭이 4.3기념관'이 있다.

북촌환해장성을 지나고 김녕, 월정, 세화해수욕장, 종달리해안도로를 달리는데 해변마다 사람들이 많았고, 전망 좋은 바닷가 카페들은 성업 중이었다. 성산일출봉 바로 앞 2층 카페 안에 있는 흔들의자에 앉아 바라다보이는 풍경이 예술이었다. 선명한 코발트블루 바다에 한가로이 떠 있는 배, 길게 누워 있는 섬 우도, 깎아지른 절벽의 성산일출봉이 보이는 풍경이 한폭의 아름다운 수채화다. 제주여행의 마지막 날인 내일의 여정을 위해 근처에 있는 숙소에 일찍 들어가 몸을 쉬었다.

함덕해수욕장과 서우봉

일출 명당 성산일출봉

새벽 요란한 알람소리에 잠자리에서 벌떡 일어났다. '성산일출봉' 근처에 있는 숙소에서 묵었으니 이 기회에 성산일출봉의 일출을 어찌 아니 볼 수 있으랴. 아들과 나는 어스름한 새벽 5시에 숙소를 나섰다. 성산일출봉 입구에는 매표 전이라 새끼줄이 처져 있었지만, 어쩔 수 없이 무임승차하여 안으로 들어갔다.

'성산일출봉은 10만 년 전 제주도 동쪽 바다에서 화산이 수중 폭발하여 마그마가 분출하면서 모래와 자갈이 쌓여 생긴 화산섬이다. 제주도의 다른 오름들과는 달리 화산활동 시 뜨거운 마그마가 물속에서 분출하면서 차가운 바닷물과 만나 만들어진 수성화산체다. 화산재가 습기를 많이 머금어 끈끈한 성질을 띠게 되었고, 이것이 쌓여 층을 이루면서 높이 182m의 봉우리를 만들었다. 3면이 바닷물에 의해 침식작용을 받아 암석만 남은 돌산으로 화산지질 및 지층구조를 단면으로 볼

성산일출봉

수 있는 대표적인 산이다.'

  성산일출봉 정상에 오르면 너비가 8만여 평에 이르는 분화구를 볼 수 있다. 3면이 깎아지른 해안절벽이고, 그릇처럼 오목한 형태로 직경이 약 600m인 분화구 속에는 넓은 초지가 형성되어 억새 등의 풀이 자라고 있다. 분화구 주위에는 99개의 기암이 절경을 이룬다. 이 모습이 거대한 성과 같다고 해서 성산城山, 해가 뜨는 모습이 장관이라 하여 일출봉日出峰이라는 이름으로 불리고 있다. 원래 명칭은 이 산이 파랗게 보인다고 하여 청산으로 불렸다고 한다.

바다 근처의 퇴적층은 파도와 해류에 의해 침식되면서 지금처럼 경사가 가파른 모습을 띠게 되었다. 생성 당시에는 제주 본토와 떨어져 있는 섬이었는데, 주변에 모래와 자갈 등이 쌓이면서 간조 때면 본토와 이어지는 길이 생겼고, 1940년엔 이곳에 도로가 생기면서 육지와 완벽하게 연결되었다고 한다.

성산일출봉 앞쪽에는 너른 초원의 승마체험장이 있고, 맞은편에는 아름다운 해안을 따라 해안산책로가 있다. 정상으로 올라가는 높이 182m의 등산로는 꽤 높고 가파르다. 하지만, 계단으로 잘 이어져 있고, 중간마다 쉴 수 있는 곳도 있어서 가족이 같이 올라가도 정말 좋은 곳이다.

오르는 중간에 신기하게 우뚝 솟은 '등경돌바위'를 만날 수 있다. 과거 주민들은 이 바위 앞에서 제사를 지내며 마을의 번영과 가족의 안녕을 빌었다고 한다. 성산일출봉 등반로 주변에는 등경돌과 같이 수직으로 뾰족하게 서 있는 바위들을 볼 수 있다.

쉬엄쉬엄 20여 분 정도 오르니 힘든 만큼의 보상도 있었다. 정상에는 어느새 삼삼오오 많은 사람이 모여서 찬란한 아침 해가 떠오르길 기다리고 있었다. 해는 살짝궁 고개를 내밀며 서서히 떠오르고, 어둠은 슬그머니 어디론가 사라졌다.

정상에서 내려다보이는 거대한 녹색 분화구와 그 뒤로 펼쳐지는 파란 바다가 어울려 선사하는 기막힌 풍경은 정말 신비스러웠다. 시원스럽게 펼쳐지는 넓은 분화구의 파란 초지와 맑고 푸른 바다가 펼쳐지며 정말 아름답고 웅장한 풍광을 자아냈다. 외국인들과 같이 앉아 평화롭게 즐기는 정경이 흡사 해외에 온 듯했다.

이곳 정상에서 바라보는 일출 광경은 '영주십경(제주의 경승지)' 중에서 으뜸이라 하였고, 이에 매년 12월 31일에는 성산일출축제가 열리기도 한다. 일출봉에서 내려오는 길에 보이는 풍경 또한, 우리의 눈을 사로잡았다. 신비로운 광치기해변이 펼쳐지고, 유람선이 드나드는 성산항이 보이고, 서귀포 시가지가 보이고, 저 멀리 오름군락을 거느린 한라산도 웅장한 자태를 뽐냈다.

이렇게 아름다운 성산일출봉에도 제주의 아픈 역사를 그대로 간직하고 있다. 1943년에 일본군이 이곳 해안절벽에 진지를 구축했던 동굴이 아직도 많이 남아 있고, 4·3항쟁 당시에는 많은 민간인이 토벌대에 의해 목숨을 잃기도 했던 곳이다. 성산일출봉은 보존가치가 높아 지난 2000년 천연기념물 420호로 지정되었다. 빼어난 경관과 지질학적 가치를 인정받아 2007년에는 세계자연유산에 등재되었고, 2010년에는 세계지질공원에 인증되었다.

일출봉에서 내려와 푸른 초원의 해안산책로에서 내려다보이는 아름다운 해안절벽이 출렁이는 파도와 어울려 기막힌 풍경을 선사했다. 저 멀리 넓은 바다 가운데 길게 뻗은 우도를 배경으로 본 일출 또한, 불그스름하게 채색되어 바다를 물들이며 오묘한 빛으로 장관을 연출했다.

숙소로 돌아와 간단하게 아침을 먹고, 그리운 내 고향 전주로 돌아가

성선일출봉 분화구

기 위해 성산항으로 갔다. 전남 고흥 녹동항으로 가는 선라이즈제주호 유람선에 자동차를 선적하고 배에 올랐다. 배 안에서는 노트북에 다운로드받아온 드라마를 보면서 3시간 30분을 지루하지 않게 보냈다.

우리가 탄 선라이즈제주호는 선박 건조에 총 476억 원이 투입되었다고 한다. 2020년 7월 성산포항에서 녹동항으로 향하는 뱃길을 재개하였으나 코로나19로 인하여 수입이 감소하고, 또 선체 결함 등으로 11월에 운항을 멈춰야 했다. 그리고 2021년 3월에 4개월 동안 끊겼던 성산포-녹동항 운항을 재개하면서 50% 이상 할인행사를 하고 있었음에도 코로나19 시국이고, 잘 알려지지 않아서인지 승객이 많지 않았다. 덕분에 우리는 운이 좋게도 아주 저렴한 가격으로 편안하게 이용할 수 있어서 대만족이었다.

고흥에 도착하여 차에서 내리는 순간 내리쬐는 육지의 햇빛이 너무 강해서 여행기간 비가 오거나 흐린 날이 많았던 제주와의 체감온도 차이가 정말 크게 느껴졌다. 이제 우리가 자신에게 준 2주간의 행복한 제주여행의 선물은 끝났으니 현실로 돌아오라는 강력한 신호 같았다. 제주의 해안도로를 달리며 많이 보았던 바다를 뒤로하고, 고흥에서 전주로 달리며 마주치는 육지의 산천이 또 그렇게 반갑고 예뻤다.

지친 몸과 마음에 휴식을 주고, 경직된 삶에 여유를 주고, 동행자와 친밀감을 쌓고, 나 자신을 들여다볼 수 있는 여행은 삶의 선물이다. 여행도 마약과 같아서 집에 돌아오는 그 순간부터 또 언제 떠나지? 하는 기다림과 언젠가는 다시 찾아가리라는 희망에 생활의 활력을 얻는다.

그리운 제주
— 허니문하우스, 은하수

추억의 숲길
— 박수기정, 군산오름

가고 또 가고 싶은 제주
— 화순곶자왈, 본태박물관, 방주교회

글라스하우스에서 우아하게 식사를
— 광치기해변, 신창풍차해안도로

제주와 마지막 밤을

제6부

가고 또 가고 싶은 제주

그리운 제주
— 허니문하우스, 은하수

집안 행사로 친척들을 만난 자리에서 둘째 동서가 말했다.
"제주도에서 1년 살기를 하는 제부가 딸 결혼식 준비로 장기간 집을 비워두고 있어서 이 기회에 제주도에 가고 싶은데 같이 갈 사람이 없어서 못 가고 있어요."
그렇지 않아도 제주에 언제 다시 가나, 그립던 제주였는데 좋은 기회라고 생각되어 친구 한 명을 더 참가시켜 우리는 셋이서 다음날 바로 제주로 출발했다.
군산공항에 차를 주차하고 제주행 비행기에 탑승하는데 비가 내렸다. 진에어는 50여 미터 정도 걸어 나가서 타야 했는데 입구에서 승무원이 우산을 하나씩 펴서 나누어 주었다. 똑같은 진청색 우산을 받고 나란히 줄지어 걸어가고 있는 모습이 참 보기 좋았다.

군산공항에서

    제주공항에 도착하여 공항식당에서 성게미역국으로 점심을 먹고, 서귀포시 대정읍으로 향하는 151번 버스를 타고 숙소 근처 구억리정류소에서 내렸다. 숙소인 에듀골드힐아파트에 우선 짐을 내려놓고, 집주인의 자동차를 타고 신창해안도로 드라이브에 나섰다.
    신창풍차해안도로에서 바라본 바다는 끝없이 이어지는 풍차행렬이었다. 저 멀리 거대한 풍차들이 바람에 펄럭이듯 돌아가는 모습과 하얀 포말을 그리며 너울대는 파도가 기막힌 풍경을 선사했다. 바람소리, 파도소리, 사람들 환호소리에 덩달아 가슴이 후련했다.
    신창에서 다시 서북쪽으로 달려서 협재해수욕장으로 갔다. 해수욕장의 하얀 모래사장에 물이 막 들어오기 시작하고 있었다. 바다가 보이는 카페에 앉아 저 멀리 바다에 떠 있는 비양도와 하얀 백사장을 한없이 바라보며 정담을 나누었다. 바다는 언제 봐도 우리의 지친 마음을 어루만져주며 고요한 마음을 설레게 한다.

우리는 다시 남쪽으로 달려서 '춘심이네 본점'에서 저녁으로 갈치조림을 먹었다. 잘 구워진 고등어구이가 나오고, 짭조름한 갈치조림이 우리 입맛을 흡족하게 했다. 양이 많아 다 먹지 못하고 남은 것은 포장해서 가지고 왔다. 춘심이네 2층에서는 쉴 수 있는 공간을 제공하고 차를 무료로 주었으며, 깨끗하게 손질하여 토막 낸 갈치를 포장해서 판매하고 있었다.

다음 날 아침 전날 포장해온 갈치조림에 김치를 조금 넣어 다시 끓여서 각자 집에서 준비해온 밑반찬과 함께 아침을 먹고 숙소를 나섰다. 돔베낭골주차장에 차를 주차하고 외돌개가 있는 곳까지 해안산책길을 걸었다. 양쪽으로 내 키보다 더 높은 멋스러운 돌담길을 지나 잘 가꾸어진 농장으로 들어서면 입구에 팬션이 보이고, 활짝 핀 동백나무와 새들이 노래하며 반갑게 맞이했다. 농장 안에는 야자수, 소철 등 제주도에서 볼 수 있는 각종 나무가 예쁘게 손질되어 정말 아름다웠다. 오며 가며 차 한 잔 마시고 가라고 전망이 훤히 트인 예쁜 카페도 있어 사람들의 발길을 멈추게 했다. 돔베낭골에서 외돌개, 황우지해안까지 이어지는 올레길 7코스의 이 해안산책길 풍광이 너무 예뻐 올레길 중에서도 단연 으뜸이다.

'큰엉식당'에서 점심으로 해물탕을 먹었다. 요즘 관광객이 적어서인지 해물이 신선하지 않은 것 같았지만, 다행히 국물 맛은 그런대로 괜찮았

문섬, 섶섬

다. 올레길 5코스의 큰엉해안경승지 산책로는 아직 겨울이라 나무가 많이 우거지지 않아 지난가을에 본 신비로운 풍경과는 또 달랐다. 그래도 기암절벽을 따라 바다를 옆에 끼고 나무가 만들어주는 숲터널을 걸을 수 있는 이 길은 여전히 아름다웠다.

 서귀포시에 있는 카페 '허니문하우스'는 주차장에서 조금 걸어 들어가야 보였는데, 이곳은 전 이승만 대통령의 별장이었다. 하늘 높이 뻗은 야자수, 해송 등 오래된 정원은 입구에서부터 호기심을 자극하는

1100고지 은하수

남국의 정취를 풍겼다. 한때 호텔로 쓰였던 건물은 오래되어 허름해 보였지만, 안쪽으로 자리 잡은 카페는 바다를 배경으로 아름다운 전망을 품었다. 파라다이스그룹에서 인수하면서 호텔로 사용했었고, 다시 칼호텔에서 인수하여 오랜 기간 방치되었다가 지금은 이렇게 멋진 카페로 운영되고 있었다.

 '문섬'을 배경으로 멋진 바다 풍경이 펼쳐지는 야외 테이블에 앉아 커피를 마셨다. 덤으로 불어오는 시원한 바람에 여정의 피곤이 싹 씻겨 내렸다. 카페 뒤쪽 산책로로 내려가니 잘 가꾸어진 서귀포칼호텔의 정원과 연결되었다. 하얀 칼호텔 앞에 펼쳐진 넓은 잔디밭과 연못, 원두막과 물레방아, 쭉쭉 뻗은 야자나무들이 바다와 어울려 이국적인 멋진 풍광을 연출했다.

저녁 특별식으로 튀김을 먹으러 공천포구에 있는 '호꼼스넥'으로 갔다. 이곳은 작년에 우리 아들과 해안드라이브 중에 우연히 발견한 올레길 5코스에 있는 장소다. 그냥 지나는 길에 있는 동네 정자 같은 조그마한 2층 건물이다. 건물 위치나 모양이 특이하게 생겨 올라가서 먹어본 튀김 맛이 잊히지 않아 다시 찾은 것이다. 창가 의자에 앉자마자 수평선 위로 수줍은 색시처럼 불그레하게 멋진 노을이 내려앉기 시작했고, 먹기 아까울 정도로 예쁘게 장식한 튀김의 맛도 일품이었다.

유난히 화창한 날씨여서 별을 보려고 깜깜한 어둠을 헤치고 1,100고지로 차를 몰았다. 용감한 동서가 운전하고 가는 1,100도로에 지나가는 차도 별로 보이지 않았다. 한적하고 깜깜하여 친구는 무섭다고 했으나 나는 지난겨울 어둠 속에서 찬란하게 빛났던 은하수를 다시 보고 싶은 마음에 신이 났다.

1,100고지 휴게소에는 이미 별을 보러 나온 관광객이 많았다. 차에서 내려 하늘을 올려다보는데 아뿔싸! 오늘이 보름 전날이었다. 별은 칠흑 같은 어둠 속에서 봐야 제대로 빛나며 반짝이는데 하늘엔 달이 휘영청 밝으니 별은 희미하게 빛나고 있었다. 별이 유난히 크게 보이며 손을 뻗으면 잡힐 듯이 영롱하게 반짝였던 예전의 장관은 볼 수 없었다. 구름이 없이 맑은 날이라 별이 잘 보일 것이라고만 생각하고, 밝은 달빛을 생각하지 못한 것이 실수였다. 그래도 손을 뻗으면 잡힐 듯 수많은 별이 은하수를 곱게 수놓고 있었다.

추억의 숲길
— 박수기정, 군산오름

　여행 3일째, 오후에는 태풍급 바람이 불고 비가 온다는 뉴스였다. 아침부터 조금씩 불어오는 바람을 헤치고 성산읍에 있는 '빛의 벙커'로 출발했다. 벙커는 한국과 일본 사이에 해저 광케이블 통신망을 운영하기 위해 설치되었던 시설이라고 한다. '빈센트 반 고흐'와 '폴 고갱'의 위대한 걸작을 몰입형 미디어아트로 재해석해서 보여주는 전시였다.

　30여 분 동안 벙커 안 사방팔방의 벽에 빛으로 재현해내며 '반 고흐'의 초기작품 '감자 먹는 사람들'에서부터 '해바라기' '별이 빛나는 밤에' 등 전성기에 완성된 작품까지 강렬한 삶의 여정을 구현해냈다. 또한, 고흐와 강력한 영향을 주고받았던 '고갱'의 명작을 세계 최초로 공개하기도 했다. 강렬한 사운드와 커다란 벽면에 그려지는 빛의 향연은 그림에 대한 문외한이라도 흥미롭게 감상할 수 있었다.

표선해수욕장 근처에 있는 식당에서 점심을 먹고 나섰는데 비는 오지 않고, 바람도 거세지 않아서 제주의 숨은 명소 중의 하나인 '영주산'으로 향했다. 영주산 정상으로 오르는 넓은 들판을 가로지르며 올라가는데 아직 천국의 계단도 보이지 않는 중간지점에서 비가 내리기 시작했다. 어쩔 수 없이 뒤돌아 내려와서 숙소로 향하는데 웬걸, 비가 그쳤다. 영주산 정상에 오르지 못하고 내려왔던 아쉬움에 그냥 올라갈 걸 하고 후회하고 있는데 '추억의 숲길'이란 표지판이 보였다.

우리는 길가 주차장에 차를 주차하고 숲속으로 들어갔다. 나무로 우거진 숲길은 바람을 막아주어 오늘같이 바람이 많은 날에 안성맞춤이었다. 추억의 숲길에는 옛 연자골마을의 집터와 목축지, 사농바치(사냥

영주산의 전경

추억의 숲길 연자골마을의 집터

꾼)터, 말방아, 통시, 돌담 등의 역사유적지가 있어 서홍동 선조들의 삶의 터전이었음을 알 수 있었다. 제주 4·3사건이 일어나기 전인 1948년 당시 마을 분위기가 뒤숭숭하여 사람들이 아랫마을로 내려오게 됨으로써 연자골마을은 사라졌다고 한다.

　잘 알려지지 않아서인지 추억의 숲길은 한적했다. 3km 정도 올라갔을 때 멧돼지에 의해 땅이 파헤쳐진 흔적과 멧돼지의 발자국들을 발견하고는 두려움에 발길을 돌렸다. 숲길 입구의 '멧돼지 사체를 보면 신고하세요'라는 플래카드가 생각났기 때문이다. 숲길은 왕복 11.3km로 위쪽에 편백숲과 삼나무숲 군락지가 있었지만, 다음을 기약하고 내려와야 했다. 그래도 바람 많은 날 우연히 마주친 포근하고 아름다운 숲길을 걸을 수 있어서 참 좋았다.

숙소로 돌아가는 길에 대평포구에 들러 마을을 끼고돌아 해안도로로 들어섰다. 포구에서 바라다보이는 '박수기정' 기암절벽의 아름다운 절경은 언제 보아도 멋있다는 환호가 절로 나왔다. 해안도로에서 바다를 바라보다가 기이하고 신기한 광경을 목격했다. 명절 고속도로에 차량정체가 연상되듯 태풍급 바람이 분다는 예고에 수많은 배들이 가까운 바다에 끝없이 늘어서 정박하고 있었다.

우리는 아직 바람이 거세지지 않았고, 아름다운 해안에 매료되어 겁도 없이 한참이나 해안도로 드라이브를 계속했다. 어둑해져서야 해안도로를 빠져나와 숙소 가는 길에 눈에 띄는 '돈이랑' 식당에 들어가 흑돼지 오겹살로 저녁을 먹었다. 조금 비싼 편이었지만, 배고픔에 맛있게 먹은 것으로 만족했다.

어제 예고된 태풍급 바람은 예상과 달리 조용히 지나갔고, 여행 마지막 날 날씨가 화창했다. 제주에 와서 오름 하나 못 올라본 것이 못내 아쉬워 '군산오름'에 올랐다. 제주 남서쪽 서귀포시 안덕면에 있는 군산오름은 대평리의 넓은 들을 병풍처럼 에워싸고 있다. 화산쇄설성 퇴적층으로 이루어진 기생화산체로는 제주도에서 최대 규모라고 한다. 군산오름은 꼬불꼬불 산길을 따라 정상의 턱밑까지 자동차로 오를 수 있다.

숫오름, 암오름 두 개의 봉우리가 솟아오른 오름 정상을 향해 올라가는 중간에 야자수와 유채꽃이 교묘하게 어우러진 장소를 발견하고 차를 세웠다. 푸른 바다와 정겨운 마을도 함께 어우러진 멋진 장소에서 우리도 함께 어울려 예쁜 풍경을 카메라에 담았다. 오르는 길이 가파르고 좁아서 조금은 아찔한 길이었지만, 아름다운 풍광을 위안 삼아 차를 모니 어느새 오름 입구의 주차장이 나왔다.

차에서 내려 층계를 따라 오르는 것도 잠시 바로 넓은 평원이 나오고 오름 정상이 보였다. 정상에서 내려다보이는 서귀포시 일대와 위용을 자랑하는 한라산자락의 오름들, 우뚝 솟은 산방산, 아침 햇살에 빛나는 바다 풍경이 아름다웠다. 특히 군산오름은 올레길 8코스로 일출과 일몰을 다 볼 수 있는 명소다. 황홀한 저녁노을을 바라보며 패러글라이딩을 즐기는 광경을 볼 수도 있다고 한다.

군산오름에는 다음과 같은 전설이 있다. 안덕면 창천리 지경은 옛날에는 겨우 10여 호가 살고 있을 정도였다. 그중에 학식이 있고 인품까지 훌륭한 강씨 선생이 제자들에게 글을 가르쳤는데 3년 동안 문밖에서 몰래 글을 배웠던 용왕의 아들이 작별 인사를 고하러 왔다.

"그동안 입은 은혜를 조금이라도 갚고 싶으니 뭐라도 어려운 일이 있으면 말씀해주십시오."

"나야 뭐 젊은이들에게 글을 가르치는 것만이 유일한 즐거움이고 딱히 불편하다거나 필요한 게 없어요. 그런데 저 냇물이 요란하여 글 읽는데 조금 시끄러운 것 밖에는…."

하고 중얼거렸다. 용왕의 아들이 떠나고 뇌성벽력이 치고 폭우가 내리치길 며칠이 지나 밖에 나와 보니 전에 없던 산이 딱 버티고 서 있었

군산오름

다. 어떤 이들은 중국 곤륜산이, 어떤 이는 중국 서산이 옮겨온 것이라고 하여 서산이라 부르다가 그 모양이 군막과 같다고 하여 군산이라 부르게 되었다고 한다.

  어제 본 대평포구의 해안이 잊히지 않아 다시 해안도로로 들어갔다. 포구가 보이는 하얀 집 '피제리아3657' 식당 창가에 앉아 바다를 바라보며 점심으로 피자를 먹었다. 바다에는 어제 피신한 많은 배가 그대로 정박하고 있었다. 더 머물고 싶었으나 오후 비행기를 타기 위해 제주공항으로 향했다.

여행에는 항상 목마르다.
나는 이제 자유인이라 언제 떠나도 좋다.
그러나 쉽게 떠나지 못하는 것은 경제적인 문제도 따르기 때문이다. 이번 여행은 우연한 기회에 숙소와 렌터카 비용을 절약할 수 있어서 쉽게 떠날 수 있었고, 덤으로 동서랑 친구와 함께 여행할 수 있어서 더욱 편안했고 즐거웠다.

가고 또 가고 싶은 제주
— 화순곶자왈, 본태박물관, 방주교회

작년 12월 가족행사 후 참석한 동서들과 함께 카페에서 차를 마시면서 가고 또 가고 싶은 제주여행의 이야기기 시작되었다. 셋째 동서의 지인이 제주에 별장을 가지고 있는데 언제든지 필요하면 사용하라고 했다는 말이 나오자마자 우리는 여행계획을 세웠다. 나와 둘째 동서, 셋째 동서, 그리고 셋째 동서의 여동생, 이렇게 넷이서 조합을 이루어 음력설을 쇠고 바로 떠나기로 약속했었다.

여행 떠나기 3일 전 둘째 동서가 갑자기 응급실에 실려 가는 돌발 상황이 발생하여 여행을 취소한다는 연락이 왔다. 우리도 여행을 포기해야 할지 말지 고민하는 사이 셋째 동서의 동생이 모처럼 얻은 주부탈출 기회인데 포기하고 싶지 않다는 강한 의사표시를 했다. 한동안 하지 못했던 여행을 통해 쌓였던 가사노동의 스트레스를 풀고 마음의 치유를 받고 싶다고 했다, 여행은 3명보다는 4명이 떠나는 게 여러모로 더 좋을 것 같아 내 친구를 한 명 더 포함해 5박 6일의 비행기표와 렌터카를 예약했다.

군산비행장에서 비행기를 타고 40여 분을 날아서 제주공항에 도착하니 바다내음 실려 온 바람이 온몸에 휘감겼다. 공항에서 셔틀버스를 타고 렌터카 회사에 도착하여 예약한 차를 인계받아 달리는 제주의 도로에는 어느새 회색빛 어둠이 깔리고 있었다.

저녁을 먹으려고 공항에서 가까운 '유리네' 식당으로 갔더니 식당에는 벌써 많은 사람이 맛있게 저녁을 먹고 있었다. 식당 벽면에는 이름만 들어도 알 수 있는 유명한 사람들의 덕담과 함께 사인이 된 메모지가 빼곡하게 붙여져 있어서 이 식당이 얼마나 유명한지를 짐작하게 했다. 제주에서의 첫 끼니로 먹은 갈치조림이 적당히 매콤하고 깔끔하여 우리의 입맛을 흡족하게 했다.

깜깜한 도로를 한 시간을 달려서 도착한 한경면 판포리에 있는 숙소에 도착하니 입구에서부터 맞이하는 바람이 거셌다. 내일을 위해 일찍 잠자리에 들었으나 거센 바람에 창문이 덜컹거리는 소리가 너무 시끄러워 제대로 잠을 이루지 못했다. 아침에 일어나 창문을 여니 매서운 바람에 창밖의 나무들이 금방이라도 쓰러질 듯이 춤을 추고 있었다. 가까운 곳에 신창풍차해안도로가 보이는 것을 봐도 이 지역이 바람의 고장이라는 것이 이해가 갔다.

아침을 해결하기 위해 영업시간에 맞춰 '미쁜제과'로 향했다. 첫 손님으로 제과점 안으로 들어가자 갓 구워낸 빵의 구수한 냄새가 기분 좋

화순곶자왈에서

게 코를 자극했다. 4명이 각자 취향대로 한 가지씩 고른 빵을 맛있게 나누어 먹으며 마시는 커피 맛 또한 일품이었다. 역시 이 제과점에서 유명한 소금빵과 마약빵이 우리의 입맛을 사로잡았다.

  바람이 많은 날이어서 첫 여정을 '화순곶자왈'로 선택했다. 한라산을 중심으로 중산간지대 여러 곳에 분포된 곶자왈은 제주의 고유어로 '곶'은 '숲'을, '자왈'은 '덤불'을 뜻한다. 곶자왈은 화산 분출할 때 점성이 높은 용암이 크고 작은 형태로 쪼개지면서 분출되어 요철지형을 이루며 쌓여있다. 지하수 함량은 물론, 보온·보습효과를 일으켜 열대식물이

북쪽 한계지점에 자라는 북방한계식물과 한대식물이 남쪽한계지점에 자라는 남방한계식물이 공존하는 세계 유일의 독특한 숲을 이룬다.

곶자왈 입구에는 인근 목장의 진출입로가 있어서 소들의 배설물이 어지럽게 널려 있었지만, 출입구를 넘어 안으로 들어가니 곶자왈 생태 탐방로가 잘 조성되어 있었다. 거센 바람을 막아주는 울창한 숲속의 탐방로를 따라 상쾌한 피톤치드 마시며 즐거운 이야기로 하하, 호호 여유롭게 정담을 나누며 걸었다.

숲에는 목축문화 유산인 잣담이 보이고, 일제강점기의 일본군 진지터가 보이고, 원시림같이 얼기설기 얽힌 나무줄기들이 다양한 나무들과 서로 공존하고 있었다. 울퉁불퉁 거친 돌길을 지나서 맞이한 전망대에서는 웅장한 한라산, 산방산의 모습과 함께 광활한 제주의 자연을 만날 수 있었다. 2018년 아름다운 숲 전국대회에서 공존상을 받은 화순 곶자왈에서는 여름에 오면 반딧불이도 볼 수 있다고 한다.

점심으로 중문 수두리에 있는 '나성칼국수' 식당에서 보말칼국수를 먹었다. 늦은 점심이라 다행히 대기자도 없어 바로 들어가서 먹을 수 있었다. 구수하고 진한 국물이 입안에 가득 차고, 고픈 배를 채우는 행복감이 녹아들면서 우리는 이번 여행의 주제를 '맛집 탐방', '먹방 여행'의 행복으로 그동안 쌓인 스트레스를 날려버리기로 정했다.

설립자인 이행자 고문이 40여 년간 수집한 작품이 현대와 전통의 조화를 주제로 전시된 본태박물관으로 차를 몰았다. 이행자 고문은 고 정몽우(현대 알루미늄 회장)의 부인이다. '플리커츠상'을 수상한 본태박물관은 주변 환경과 건축물의 조화로움을 살려 투박한 회색빛 노출건물에 생명력을 불어넣는 세계적인 건축가 '안도 다다오'가 설계한 곳이다. 경사진 지형을 살려서 5개의 전시관으로 건축한 본태박물관은 넓은 호수와 수려한 자연경관을 품고 있다.

먼저 5관부터 관람하라는 설명을 듣고 들어간 5관은 상설전시관으로 조선, 고려시대의 불교문화와 관련된 작품이 전시되어 있다. 4관은 '피안으로 가는 길의 동반자'라는 전시관으로 조선시대 장례식에 사용된 전통 상례 전시품을 볼 수 있다.

3관이 바로 우리가 보고 싶어 찾아간 메인 전시품이 있는 곳이다. 어린 시절 육체적 학대로 인해 강박과 환각을 겪으며 그것을 이겨내기 위해 미술치료을 시작하여 그것을 예술작품으로 승화시킨 설치미술작가로 일본의 '쿠사마 야요이'의 특별관이다. 입구에 들어서자마자 검은색 물방울이 점점이 박힌 노란색 벽면에 둘러싸여 크고 작은 검은 물방울로 줄을 그어놓은 거대한 '호박'이 눈길을 끌었다. 2~4명씩 들어가 관람할 수 있는 '무한 거울방-영혼의 반짝임'은 어두운 방에 물과 거울, 전구 등의 소재로 설치되어 신비의 세계를 보여주고 있었다.

2관은 유명한 현대미술작가인 피카소, 데이비드 걸스타인, 백남준 등의 작품이 친숙하게 다가왔다. 미로처럼 긴 복도를 따라 들어가면 명상의 방과 사랑채를 만날 수 있는 안도 다다오의 방도 있었다. 1관은 소반, 생활가구 등 전통민속품과 공예품, 문갑 등 조선시대의 실생활에 사용하던 다양한 생활용품이 전시되어 있다. 본래의 형태를 의미하는 본태박물관에는 개인이 수집하고 소장하기에는 의외로 많은 전시품이 있어 눈과 마음을 풍부하게 했다.

'쿠사마 야요이'의 영혼의 반짝임

'쿠사마 야요이'의 호박

본태박물관 근처에 있는 방주교회를 찾아갔다. '방주교회'는 물 위에 떠 있는 모습이며 매우 아름다웠다. 첫눈에 들어오는 외관만으로도 압도당하게 하는 신비한 모습의 방주교회는 세계적인 건축가 재일교포 '아미타 준'이 구약성서에 나오는 노아의 방주를 본떠 설계했다고 한다.

인공으로 만든 연못 위에 세워진 은회색 건물 지붕은 햇빛에 모자이크처럼 반짝반짝 오묘하게 빛났다. 외부는 전면 유리로 하늘과 물을 품고, 단순한 내부는 유리와 나무가 절묘하게 어울려 신비감을 주었다. 신기하게 생긴 전면은 오각형의 형상으로 연못의 잔물결에 비치는 파란 하늘과 함께 너무도 멋진 정경을 선사했다. 각기 다른 모습을 보이는 건물 사방을 한 바퀴 돌아보며 감상하는 재미가 있었다.

방주교회

'고집돌우럭' 식당에서 저녁을 먹었다. 전복새우우럭조림과 옥돔구이, 보말미역국, 왕새우튀김, 돔베고기, 순대, 양푼밥이 나오는 세트를 먹었는데 정말 맛있게 배불리 잘 먹었다. 신라호텔 카페에 가서 후식으로 우아하게 딸기빙수를 먹으며 수다를 떨다가 포만감을 식히기 위해 호텔공원을 거닐었다. 아침부터 밤까지 알뜰하게 여정을 마치고 숙소로 돌아와 행복감과 피곤함에 깊은 잠에 빠져들었다.

글라스하우스에서 우아하게 식사를

— 섭지코지, 광치기해변 신창해안도로

오늘의 여정은 숙소인 제주의 서쪽 끝에서 동쪽 끝으로 2시간을 달려야 하는 제주 동쪽 최고의 관광지인 '섭지코지'에 있는 '휘닉스제주 민트레스토랑'이다. 섭지는 인재가 많이 나오는 땅을 의미하기도 하고, 코지는 바다로 돌출되어 나온 지형을 의미하는 제주 방언이다.

넓은 들과 해안절벽, 푸른 바다가 어우러져 아름다운 풍광을 갖춘 섭지코지는 영화와 드라마의 단골 촬영지로 유명하다. 섭지코지에는 아름다운 '글라스하우스'가 있고, 그 2층에 휘닉스제주에서 운영하는 '민트레스토랑'이 있다.

먼저 9일인 오늘 시장이 열리는 성산민속오일장으로 갔다. 전에 대정민속오일장에서 사서 간식으로 맛있게 먹었던 찰옥수수 튀밥을 사려고 갔으나 아쉽게도 시장에는 우리가 원하는 찰옥수수 튀밥은 없었다.

섭지코지의 글라스하우스

대신 시장 안에서 파는 뜨끈뜨끈한 어묵과 호떡을 사 먹고 섭지코지로 달렸다.

아름다운 글라스하우스에 앉아서 맛있는 식사를 하고, 향긋한 커피를 앞에 두고, 섭지코지의 멋진 풍광을 내려다보며 한번쯤은 우아한 귀부인 티를 내고 싶었다. 민트레스토랑에 점심을 예약한 우리는 휘닉스 제주에서 제공하는 셔틀버스를 타고 글라스하우스에 도착했다. 성산일출봉을 카메라에 담을 수 있게 포토존이 되는 글라스하우스 입구 사각 프레임 앞에서 사진도 찍고, 글라스하우스 안으로 들어가면 1층에는 카페와 스튜디오가 있고 2층에 민트레스토랑이 있다.

전면이 유리로 되어 있는 글라스하우스는 마치 바다에 떠 있는 선상에 앉아서 먹는 기분이었다. 넓은 초원과 아름다운 바다를 품고 있는 코지와 바다에 떠 있는 성산일출봉 뒤로 우도봉이 내려다보이는 전경은 기막히게 아름다웠다. 글라스하우스에서 한참을 우아하게 커피를 마시고, 조용조용 이야기꽃을 피우며 실컷 멋을 부려보았다.

코지의 계단을 따라 붉은오름에 올라 방두포등대가 있는 전망대에서 내려다보면 넓은 섭지코지와 글라스하우스, 성산일출봉, 우도봉, 끝없이 펼쳐지는 바다가 한눈에 들어와 마음을 사로잡는다.

바닷바람을 맞으며 해안절경을 따라 걷다 보면 옛날 용왕의 아들이 이곳에 왔다가 하늘에서 내려온 선녀를 따라 승천하려다 용왕의 노여움을 사서 바위로 굳어졌다는 전설을 품고 있는 선돌도 볼 수 있다. 섭지코지에는 잔디와 억새, 들꽃, 유채꽃 등 다양한 식물과 여러 가지 모양의 포토존이 있어 가족이나 친구, 누구와 오더라도 함께 천천히 즐기며 산책할 수 있는 곳이다.

섭지코지에서 나와 '광치기해변'으로 갔다. 썰물로 물속에서 드러난 이끼 낀 바위들이 연출하는 해변은 먼 옛날 태고의 신비를 간직한 아름다움이었다. 아름다움의 극치를 보여주는 해변을 품고 우뚝 서 있는 성산일출봉이 운치를 더해주었고, 신기한 풍광에 카메라 셔터를 연신 눌러댔다.

풍광이 아름다운 종달리해안도로를 달리고 아기자기한 세화해변을 달려서 젊은이들의 인기 장소인 월정리해수욕장을 만났다. 한적하지만, 코발트빛 예쁜 바다를 품은 김녕해수욕장을 지나고, 풍차의 행렬까지

광치기해변

마중하는 아름다운 바다를 만끽하며 해안도로를 따라 에메랄드빛 오묘한 물빛과 하얀 모래사장이 아름다운 함덕해수욕장에 도착했다.

겨울 해수욕장에는 기나긴 코로나 시국에 갑갑해하던 많은 사람이 맘껏 즐기고 있었다. 우리도 주변 산책을 하다가 바다가 보이는 카페에 앉아 해안의 예쁜 물색과 넘나드는 파도를 바라보며 멍하니 몸을 쉬고

카페j그랑블루

머리를 식혔다. 저녁은 함덕에 있는 '순옥이네' 식당에서 전복뚝배기와 전복물회를 먹고 어스름을 안고 서남쪽으로 차를 몰아 숙소로 달렸다.

여행 4일째, 가벼운 아침을 위하여 '미쁜제과'로 갔다. 영업시간 전인데도 이미 사람들이 와 있었다. 그제 먹은 소금빵에 반하여 오늘은 소금빵만 먹으리라, 생각하고 안에 들어가 보니 아직 소금빵이 나오지 않아 우선 커피를 마시면서 기다렸다. 한 판의 소금빵이 나오자마자 다른 한 팀과 우리가 싹쓸이해서 뒤늦게 나온 사람들은 더 기다려야 했다. 원래 우리도 3개씩은 먹어야겠다고 이야기했었지만, 빵이 모자라서 2개만 먹을 수밖에 없었다. 갓 구워낸 빵이라 더 바삭하고 촉촉하니, 정말 맛있었다.

올레길 12코스인 '생이기정바당길'을 역방향으로 걸었다. 해안절벽을 따라 걷는 올레길에서 바라다보이는 각도에 따라 시시각각 모습이 변하는 차귀도가 참 신비스러웠다. 바당길을 지나 숲속 산책길을 걸어 나오면 아래로 내려가는 긴 계단이 나오고 계단을 내려가면 차귀도포구가 보인다. 우리는 다시 뒤돌아서 오던 방향으로 계단을 올라와 적당히 기분 좋게 불어오는 바람과 보고 또 보아도 너무 좋은 풍광에 걷고 또 걸었다.

점심으로 애월에 있는 '정직한 돈' 식당에 가서 흑돼지구이를 먹었다. 몇 년 전 이곳이 개업한 지 얼마 되지 않을 때 들렀었는데 직원이 직접 친절하게 구워 주는 고기가 너무 맛있어서 인상이 깊었었다. 그래서 이 지역에 올 때마다 한 번씩 들르는 식당이다. 단골이라는 말 한마디에 맛있는 김치찌개가 서비스로 나왔고, 너무 맛있어서 맘껏 배불리 먹었다.

애월의 바다

근처에 있는 카페 'jj그랑블루'로 갔다. 바다를 품고 있는 이 카페도 전경이 아름답고 붐비지 않아 자주 이용하는 곳이었다. 일행이 식당도 카페도 너무 탁월한 선택이라고 좋아해 주어 나도 덩달아 기분이 좋았다. 편안한 의자에 앉아 적당히 파도가 넘나드는 아름다운 애월의 바다를 감상하며 이야기꽃을 피웠다.

몸과 마음을 충전하고 곽지해수욕장에서 애월의 카페거리에까지 이어지는 '한담해안산책로'를 걸었다. 깨끗하게 정비된 산책로에는 즐거워하는 사람들의 이야기와 출렁이는 바다의 노래에 생동감이 넘쳤다. 유명한 카페가 많이 있는 카페거리에는 수많은 젊은이가 찰칵찰칵 흔적을 남기기에 분주했다.

숙소로 가는 길에 일몰 명소로 유명한 '싱게물공원'이 있는 신창풍차해안도로에 들렀다. '싱게물'은 제주 사투리로 새로 발견한 갯물(용천수)의 뜻이다. 바다 한가운데에 풍차가 줄을 지어 늘어서서 위용을 자랑하고, 밀물일 때는 잠긴다는 바다 위에 놓인 다리를 건너기 위해 거센 바람을 안고 꿋꿋이 걸었다.

한국수산자원관리공단이 관리하는 바다목장에는 크나큰 다금바리 조형물이 놓여 있고, 다리 가까이 바다에 서 있는 커다란 풍차가 위압감을 주었다. 처음에는 바람이 너무 거세어서 무서움에 제대로 걷지 못했던 다리 위에서 가슴이 뻥 뚫리는 시원함을 느꼈다. 다리를 건너면 하얀 등대전망대가 있고, 덤으로 살포시 내려앉는 노을, 제주는 어디를 가더라도 보이는 풍경은 작품사진이 된다.

제주와 마지막 밤을

　제주도의 재래시장은 매일 열리는 상설시장도 있지만, 지역마다 5일 간격으로 열리는 '제주민속오일장'이 있다. 제주에서만 만날 수 있는 오일장으로 제주의 특산품과 생선 등 특별한 물건과 먹거리로 가득하여 시장 구경이 흥미진진하다.

　11일, 숙소 근처에 있는 모슬포 대정민속오일장이 열리는 날이어서 시장 구경에 나섰다. 제법 크게 열리는 시장 안에는 삶은 옥수수, 빵 등 군것질거리가 우리를 유혹했다. 채소와 과일, 특히 갈치, 옥돔을 비롯한 생선이 많았다. 시장에서 산 찰옥수수튀밥은 차 안에서 먹기 좋은 간식거리로 우리의 입을 즐겁게 했다.

　시장에서 나와 만두가 특이하고 맛있다고 소문이 자자한 애월항 근처에 있는 '장인의 집'을 찾아갔다. 이른 점심인데도 대기하는 사람이 많아서 1시간 30분 이상을 기다려야 한다고 했다. 만두전골은 포기하고 만두만 포장하여 차 안에서 맛보았다. 4가지 색으로 된 왕만두는 흰색은 흑돼지, 검은색은 문어, 분홍색은 김치, 녹색은 전복이 들어가 있는 만두였다. 만두피가 정말 얇고 속이 꽉 찬 만두가 맛있었다.

점심을 만두로 만족하지 못한 우리는 근처에 있는 '제주김만복김밥' 애월점으로 갔다. 두툼한 지단이 들어 있는 네모난 김밥 모양이 특이했고, 매콤한 오징어무침과 같이 먹으니 더 맛있게 먹을 수 있었다. 뚝배기전복밥과 해물라면도 맛있게 먹었다.

많은 사람이 즐기고 있는 '협재해수욕장'에서 우리도 한 무리가 되어 모래사장을 걷고 바다를 즐겼다. 해수욕장에서 이어지는 올레길 14코스에는 'TV 이동욱의 토크쇼' 장소인 '성시'도 있었다. 해안도로를 따라 월령포구까지 걸어갔다가 되돌아와 협재해수욕장 근처에 있는 카페에 들어갔다. 마침 비어있는 창가 의자에 앉아 파도가 노니는 바다를 바라보며 편안하고 행복한 휴식을 만끽했다.

저녁은 가볍게 먹고 싶어 숙소 근처에 있는 '바다를 본 돼지' 식당에 가서 김치찌개만 되는지 물어봤더니 고기를 먹어야 된다고 했다. 숙소에서 컵라면이나 먹을까, 라는 생각으로 차를 몰았는데 '판포 그때 그 집'이 눈에 들어왔다. 혹시나 해서 한 번 더 물어보자고 들어가 물어보니 김치찌개만도 가능하다고 했다. 반가운 마음으로 식당 안으로 들어갔다.

그리 크지 않은 식당으로 개업한 지 얼마 되지 않은 곳이었다. 창문에 미스터트롯 1위 가수 임영웅의 사인이 수줍게 붙어 있었다. 우리 일행 중 2명이 임영웅의 열렬한 팬이어서 궁금증이 많았다. 그 유명한 가

수가 언제, 어떻게 왔었느냐며 종업원과 이런저런 얘기로 한참을 얘기했다. 계속되는 우리의 질문에 그날 직접 서빙을 했다는 알바생을 불러주어 더 자세한 이야기를 주고받을 수 있었다.

무엇보다도 알바생의 어머니가 임영웅 팬이어서 우리의 마음을 이해해주며 자세하고 재미있게 들려주었다. "음식 맛이 좋아서 임영웅이 왔다 갔나 보다"라고 했더니 종업원은 겸손하게 "아마 우리 가게가 개업한 지 얼마 되지 않아 손님이 많지 않아서 조용히 먹고 가고 싶어 왔을 거예요"라며 멋쩍게 웃었다. 푸짐한 김치찌개엔 고기도 많이 들어있고, 국물도 진하고 매콤하니, 정말 맛있었다. 앞으로 제주의 서쪽에 오게 되면 꼭 다시 들르게 될 것이란 예감과 함께, 친절하고 맛집인 이 식당이 번창하기를 바랐다.

비양도가 보이는 협재해변

식당 바로 앞의 낮은 돌담 위에는 피아노 건반이 그려져 있고, 임영웅이 그 건반 위에 서서 바라다보았던 바다와 하늘을 우리도 건반 위에 올라서서 바라보니 발그레 물들이던 노을 위에 어느새 땅거미가 내려앉고 있었다. 이번 제주여행에서 보내는 우리의 마지막 밤이었다.

제주는 항상 그립다. 언제든 달려가고 싶은 제주의 숲, 오름, 올레길, 바다, 해안도로, 명승지, 전망 좋은 카페, 맛집 등등…. 제주에서는 햇빛을 받으며 가만히 앉아 있기만 해도 치유가 되고 행복했다. 그래도 이제는 어느 날 갑자기 가고 싶으면 훌쩍 떠나, 그리운 제주에 언제든 달려가서 재충전하고 올 수 있다는 희망과 기다림으로 향수를 품고 살아갈 것이다.

돌담 위의 피아노 건반

참고 문헌
제주특별자치도 제주가이드북
관광팜플렛
백과사전

최은우 여행수필집

하늘과 바다가 사랑한 섬
제주 한 달 살기

초판인쇄 2023년 3월 15일
초판발행 2023년 3월 20일

지은이 최은우
발행인 서정환
펴낸곳 신아출판사
주소 전북 전주시 완산구 공북1길 16(태평동 251-30)
전화 (063) 275-4000
팩스 (063) 274-3131
이메일 sina321@hanmail.net
출판등록 제465-1984-00004호
인쇄 · 제본 신아문예사

ISBN 979-11-92557-37-3 03810

값 16,000원

저작권자 ⓒ 2023, 최은우
이 책의 저작권은 저자에게 있습니다. 서면에 의한 저자의 허락없이 내용의 일부를 인용하거나 발췌하는 것을 금합니다.
COPYRIGHT ⓒ 2023, by Choi Eunu
All rights reserved including the rights of reproduction in whole or in part in any form.
저자와 협의, 인지는 생략합니다.
잘못된 책은 바꿔 드립니다.